THE教師力ハンドブックシリーズ

実践編

特別支援学級の子どものための キャリア教育入門

子どもの生涯の幸せを保障する保護者と担任のナビゲート

jun nishikawa 西川　純 著
tomomi fukayama 深山 智美

JN250915

明治図書

まえがき

　本書は特別な支援を必要とするお子さんの保護者とその子を指導する義務教育段階の教師に向けた本です。

　まず，私（西川）は一般的な意味での特別支援教育の専門家でないことを最初に申し上げなければならないでしょう。私は高校の物理教師として教師人生を始めました。教材や発問を磨いて良い授業をしたいと思う，ごく普通の教師でした。しかし，どうやっても全ての子どもを分からせることは出来ません。そして，数多くの子どもが学校教育からドロップアウトするのを見続けなければならなかったのです。

　高校教師に挫折し，縁あって大学の教師になりました。大学に異動してから，私が救えなかった子どもをどうやったら救えたかを追究しました。今も追究しています。

　本書は特別支援学級の子どもが幸せになるために何が必要なのか，就職に関してスポットを当てて書いています。

　平成27年度に共著者の深山さんが長崎県から上越教育大学教職大学院に現職派遣されました。そして西川研究室に所属しました。

　４月の最初に研究テーマを何にするかを話し合いました。「特別支援の子どもの一生涯の幸せを保障するために学校は何が出来るか」ということを研究することを決めました。方法は，障害者が就職したあとに関わる様々な人からの聞き取り調査です。

　そこで語られた実態は当初の予想を超えたものでした。特別

支援教育の経験の長い深山さんさえも驚き，涙したほどです。

　そして，本書を出来るだけ多くの保護者や先生方に読んでいただき，実情を理解してもらうことが本当に必要だと確信しました。

　本書で紹介する事例は，その中で出た典型的な会話を基にしています。ただし，会話そのものは長い会話の前後が分からないと理解出来ないものが殆どです。そのため，分かりやすく整形しています。以下で紹介する１つの会話は，実は５〜10分ぐらいの会話を圧縮したもの，また，３人以上の人の会話を複合したものもあります。しかし，その趣旨は変えておりません。

　本書では，障害を持つ子の保護者の吉田さん，前川さんと，特別支援学級担任経験の長い深川先生の会話を中心に書きました。

　是非，疑似体験を持ってもらいたいと思います。そして，今，我々が持っている危機感を共有していただきたいと思います。その上で，本書で書いていることを，周りの保護者と教師に伝えて下さい。それも急いで。この気持ちは本書を読み終わる頃には分かっていただけると思います。

　本当に危機的なのは知的には問題がない子どもです。

　さあ，始めましょう。

西川　　純

目　　次

第5章　学校卒業後の幸せ

── 登場人物 ──

：深川先生　　：吉田さん

：前川さん　　：教頭先生

第1章

厳しい就職までの状況

　学級担任制の小学校の教師は,「1年」単位で物事を考えます。一方,教科担任制の中学校や高校は「3年」単位で物事を考えます。しかし,その中学校や高校も,卒業先を決めるまでが自分たちの仕事と考えて,そこから先は進学先・就職先の担当と考えています。

　たしかに昔はそうだったかもしれません。企業は学校教育に「大人」の教育を期待していませんでした。それは企業内教育でするものだと思っていました。

　ところが少子高齢化社会によって長期の不景気が続くようになりました。昔のような終身雇用を維持出来ません。そのため,じっくりと企業内教育をする余裕はなくなってしまいました。「大人」を雇い,「大人」になっていない人は雇わなくなってしまったのです。

　では,そのような大人にする教育は高校や大学が担当するのでしょうか?　違います。企業が求めている大人の能力とは,義務教育こそが担うべきものなのです。そして,義務教育の間,ずっと育てない限りは育ちません。

　では,何が必要とされるのでしょうか?　まず,そこから始めましょう。

① 入学式から始まっている

教頭：もしもし，深川先生ですか？　職員室からですが，吉田さんが来られました。

深川：教頭先生，ありがとうございます。ひまわり学級へ行くように伝えて下さい。

吉田：おはようございます。春休みから押しかけちゃってすみません。入学式前に，深川先生に色々と相談したいことがあって来ちゃいました。

深川：吉田さん，おはようございます。私も入学式のあとの学校生活のことで吉田さんに伝えておきたいことがあったから，ちょうどよかったわ。なかなかねぇ，特別支援学級の担任をしながら特別支援コーディネーターをしていると，通常の学級で学ぶ発達障害のお子さんのお悩み相談もあって，忙しくてね。「吉田さんに色々とお尋ねしなくちゃ」と思いながら連絡出来なかったのですよね。ご免なさいね。

吉田：いえいえ，深川先生がお忙しいことは分かっていたのですが，早めに相談した方がいいかなと思うことがあって連絡もしてないのに来ちゃいました。あの，深川先生は，特別支援学級の担任で特別支援コーディネーターもされていますよね。

深 川:ええ，そうですね。この学校では，特別支援学級担任をしながら特別支援コーディネーターをやっています。

吉 田:特別支援コーディネーターって，どんな仕事内容なのですか。いろんな保護者の方の相談にも乗っておられるようですし。

深 川:実は，昨日も3年生の保護者の方が相談にお見えでした。特別支援コーディネーターは，学校の教職員で分担する仕事の一つですよ。例えば，研究主任とか生活指導主任とか学校には必ず担当者を置かなければならないのですが，平成19年4月に特殊教育から特別支援教育に変わってからは，特別支援コーディネーターの担当者を各学校に置くことが決まりました。

　仕事内容としては，個別の支援計画の作成，職員研修，校内の関係者や外部の関係機関との連携調整役や保護者に対する相談窓口，担任への情報提供や支援，校内委員会の運営や推進などですね。特別支援コーディネーターは，学校が抱える特別支援の諸問題を解決するために，決められたこと以外でも臨機応変に対応しています。でも，仕事内容に関しては担当者の考えや力量で違うこともあります。

吉 田:そうなのですね。あまり，知られていないお仕事ですね。

深 川:多分，殆どの保護者の方は知らないでしょうね。そして，特別支援に関係のない先生たちの多くは仕事内容が分からないと思います。

だから，初めて特別支援コーディネーターになった先生の場合は，近隣の特別支援コーディネーターたちと情報交換をしながら勉強しています。中には管理職が特別支援コーディネーターをしている場合もありますので，学校の事情で若干違うかもしれません。

吉　田：そういうお立場だったのですね。幅広くいろんな対応をされている深川先生だったら，教えていただけると思うのですが。

深　川：何でしょう？

吉　田：実は，私の息子のことではないのですけど。うちの息子と同じ保育園に通っている子どもがいます。その子も春から新1年生です。

　　その子のお母さんは前川さんって言うのですけど，その息子さんが園で落ち着かない様子なので，凄く悩んでいます。だから，私もね，知的障害の息子がいるから少し相談に乗ってあげられるかなーと思っていたのですけど。詳しいところは分からなくて。深川先生に聞いたら分かるかもしれないと思って，相談しに来たのです。

深　川：そうなの。どんな悩みごとかしら？

吉　田：うちの息子の場合は，知的な障害の診断があったし，あんまり悩まずにこちらのA小学校の特別支援学級に決めたけど，前川さんのお子さんは，診断とかは受けてなくて，見たところうちの子みたいな知的な障害はなさそうなのです。

でも，お母さんは多動のことをとても心配していて。

深川：ふーん。それで，その前川さんは，どこの小学校に行くの？

吉田：B小学校の特別支援学級じゃない学級，なんと言えばいいかしら。

深川：特別支援学級以外では，教師間で通常学級と呼んでいますけれど。

吉田：そうそう。その通常学級です。そこでの勉強が息子さんに合うかどうか，静かに座っているのは厳しいかなって……前川さんは，とても心配しているのです。私もね，よくそのお子さんが保育士さんに怒られているのを見ていました。落ち着きがなくて目が離せないし，いきなりたたいたりするし，みんなと同じように片付けが出来ないし，手先も不器用だからって。それを見ているから，前川さんも特別支援学級の方がいいのかなぁーって，随分悩んでいて。

　　　でもね，私から見たら人懐っこくて凄くお世話好きで，うちの子はよく助けてもらっています。優しい子です。

深川：うーん。お子さんに会っていないし，私は医者じゃないから言う資格は全くありません。でもね，多動というのは，お母さんが自分でそう思っているだけかもしれない可能性があります。今は，たくさんの情報がネットに溢れているから心配にならない方がおかしいでしょうね。

一般的に前川さんのお子さんが当てはまりそうな発達障害では，多動で衝動性が強くてってなるとＡＤＨＤかもしれないって思うでしょう。でも，こう言っちゃなんだけどＡＤＨＤの診断もドクターで違うこともあります。Ａ小学校で，ＡＤＨＤ疑いの児童がセカンドオピニオンを受けに行ったら違う診断名になっちゃって。私たち教師が，とても驚いたこともあったの。だって，普通は医者の診断名があるとその学校は診断名に添った個別対応が特別支援の柱になるからです。

吉田：へぇー，そんなことがあるのですね。

深川：ええ，そういうこともあるので実際のところは，障害の有無はお母さんの思い込みということも可能性としてはあると思うし，まして，医療機関にかかっていないし，保育園側から医療機関へのお勧めがなかったのは障害というほどのものではなかったのかも。

吉田：なるほど，そう言われたら障害じゃあないかもしれませんね。

深川：入学して様子を見た方がいいみたい。でも，前川さんは，就学先のＢ小学校に事情を話して相談しているのかしら？

吉田：まだです。私も随分そう言ったのですけど。ほら，なんて言ったかしら，小学校に上がる前に小学校で受ける健診。

深川：ああ，入学前の健康確認をする就学時健診のこと？あれは，小学校で入学前５～６カ月にしますよ。

吉 田：そうそう。その就学時健診で引っかからなかったからって言うのです。

深 川：ああ，なるほど。就学時健診では，内科，眼科，歯科，耳鼻科など身体の健康状態と知的発達の検査をします。そこで，知的，情緒，言語に関する検査や確認などをします。前川さんの息子さんは，そこで何も指摘されなかったのでしたら，特に目立つ問題はなかったと言えます。

吉 田：そういうふうになっているのですね。それだったら，納得出来ますね。

　　　うちは，もう知的障害が分かっていたので保育園から引き継ぎが大事だと思ったから，その頃から早めに保育園の先生に色々とお願いしました。そうしたら，Ａ小学校の特別支援コーディネーター深川先生の紹介があってここに来ることになったわけです。私，心底思います。入学式の不安を聞いてもらったから本当によかったーって。一人息子だったし。

　　　でも，前川さんは，通常の学級だから相談出来ないって言うのよね。やっぱり，診断がないと相談出来ないのですか？

深 川：いえいえ，そんなことはないですよ。通常の学級にいる発達障害の子どもさんについても入学前に相談を受けていますし，就学時説明会といって２月に小学校で説明会をしたでしょう。その時に，心配なことがあれば「どうぞ」って声かけはしています。

それに，入学式前に入学式の会場になる体育館など
を下見することだってよくあります。

　小学校の方へ電話で連絡していただければ，就学先
の特別支援コーディネーターはちゃんと対応してくれ
る筈です。だから，診断名がないからといって，相談
出来ないなんてことはありません。

吉　田：あぁ，よかった。なぁんだ，もっと，早くに深川先生
に相談していればよかったです。早速，伝えます。そ
れで，深川先生の私への話とは何ですか？

深　川：ああ，そうでした。

　入学後のことになりますが，１年生の初めは学校に
慣れるために２週間程度は，勉強というよりも学校で
生活するために必要なことを知る活動があります。時
間に合わせて行動したり，校舎の中を探検したりして
学校で暮らすことに慣れる学習に時間を多めに取るよ
うになっています。今までの保育園や幼稚園の生活か
ら，スムーズに移行出来るような期間があります。ス
タートカリキュラムって言って，平成23年から始まり
ました。

吉　田：へー，私の小学校の頃は，そんな手間はかけてもらっ
てないですね。昔とは全然違っていますね。私らは，
学校に行ったら学校の時間通りに動くものだとしか思
ってなかったです。

深　川：そう，私たちの頃は，「支援」や「配慮」っていう言
葉すらなかったじゃないですか。ましてや，幼稚園・

14

保育園・小学校の「接続」や「連携」の言葉もね。今は文部科学省が，積極的にしましょうって言っていますから。

吉田：へぇー。そうなのですね。学校教育も新しいことがたくさんあるのでしょう……。でも，うちの子は特別支援学級だし，みんなと一緒にやるのは無理だろうなー。何となくなんですけど，一人だけ出来ないと目立っちゃうし可哀想。他の子どもさんにも迷惑かけちゃいけないから，うーん，うちは，それは参加させなくていいです。ひまわり学級でゆっくり学校に慣れさせて下さい。

深川：うーん。そうねぇ。

　吉田さん，あのね，出来れば子どもの将来にとってどうなのかということでお互いに考えることにしていきませんか？

吉田：って言うと？

深川：今の状態だけを見て，決めないことって言ったらいいかな。いくら，子どもが小さくてもずっとそのままで成長しないなんてことはあり得ません。いつかは，必ず大人になります。

吉田：それは，そうですよ。うちの子は知的な部分はね，ちょっとゆっくりめです。でも，体の成長は，人並みどころかそれ以上ですからね。やや太めちゃんに育っています。ははは。

深川：じゃあ，大人になったときの自分の子どもを想像出来

ますよね。こうなっていて欲しいなぁって，ぼんやりでもいいから，想像してみて下さい。目を閉じて，大人になった姿を。

吉　田：分かりました。

吉　田：……それから，どうするのですか？

深　川：はい，想像したらそこに行くまでの道のりを今度は考えていきます。

吉　田：道のり……。

　　　　えぇっ？　道のりですか？

深　川：吉田さん，今までだって小学校入学までに色々と出来るようにしなくちゃって，息子さんに教えていたのでしょ？

吉　田：はい，年長さんになってからは凄くやりました。

深　川：やっぱり。流石だわ，吉田さん。凄く考えているじゃないですか，道のりを。で，何を息子さんに教えてきましたか。

吉　田：自分の名前のひらがながまだ覚えられないので，自分の持ち物のマークを覚えさせたり，靴が左右反対になるから工夫して目印をつけたり，トイレに入るときにズボンやパンツを全部脱がないことなどを教えたりしています。

　　　　ああ，入学前準備って，思い出したら，結構やっています。偏食はありませんが，食べるのが異常に遅くて，遅くて……。それは，まだ今も特訓しています。

　　　　給食時間内に食べるのは，どうやっても無理みたい。

先生，給食はひまわり学級ですか？　そうだと安心な
のですが。

深川：食べるのが遅くても，偏食がないのは有り難いことで
すね。食べる場所は，基本的には交流する学級です。
どうしても，苦になるようでしたらまた考えましょう。

吉田：そうなのですね。やっぱり，親は気をつけているつも
りでも過保護になってしまいます。やってみて，出来
なかったら考えることにしないと。せっかく友だちと
一緒に過ごせる時間がへりますもんね。

深川：そこは，親と教師の違いです。給食については，食育
の一部として考えていくべき方向があります。これも，
家庭との連携がないと効果は得にくいのです。学校と
家庭で協力しながら，将来のために毎日の目標を決め
て今からコツコツとやっていきます。そう，毎日コツ
コツがコツです。小さな変化を求めるようにして，無
理がないところからやりましょう。

吉田：はぁ。でも，あの，さっきの大人にするって話が，い
まいちピンときません。

深川：それは，随分先の話になりますからね。親なきあとま
で『一生涯を生き抜く力』を身に付けるということで
す。

吉田：親なき…あと……。
　　　　それって私が，死んだあとってことでしょうか？

深川：そうです。その親なきあとです。

吉田：はぁー。……うんうん。……はい。

深 川：よ，吉田さん，だ，大丈夫ですか？　ティッシュ，あ
　　　りますよ。

吉 田：ご免なさいね。先生，このこと考えたらね，涙が…，
　　　ほんと勝手に出てきます。だって，先生，私がこの子
　　　より先に死ぬということは出来ないことだって，ずっ
　　　とずーっと考えて生きてきました。

　　　　でも，正直に言えば考えなければならないことです
　　　けど，考えたくなくて，でも考えなければいけないこ
　　　とで，苦しくて……。深川先生の言葉が，あまりにも，
　　　突然で，……すみません。言葉になりません。

深 川：吉田さん，泣かせてしまってすみません。でも，その
　　　吉田さんのお気持ちは忘れないように自分も努力した
　　　いと思っています。

　　　　吉田さんだけじゃありません。私が出会った保護者
　　　のみなさんの気持ちは，子どもの障害の重い軽いに関
　　　係なく同じです。自分が死んだあと，どうやったら我
　　　が子が幸せに暮らしていけるかを日々模索しています。

吉 田：やっぱり，……そうなのですね。……そうですよね。
　　　まだ，子どもが小さいと思ってその話題を避けてきま
　　　した。夫婦間でも，そこには触れないようにしてきま
　　　した。だって，自分たち夫婦の力ではどうしようもな
　　　いことですから。

深 川：いえ，どうしようもないことではありませんよ。今か
　　　らやっていけば，『一生涯を生き抜く力』は10年後，
　　　20年後，30年後に大きな違いが生まれます。その差は，

１カ月やそこらで培える力ではありません。多くの時間と多くの人が育てるようなものですから。

　この力については，これからたくさんの話をする中で少しずつ見えてくると思います。ノウハウ本のように一瞬で分かることはないと思います。ですから，じっくり考えて，分からないことは何でも尋ねて下さいね。

吉田：はい……。あのー，多くの時間と多くの人が育てるのですか？

深川：そうです。『一生涯を生き抜く力』を持った大人にするには，多くの時間と多くの人が，誰にとっても必要です。特に障害を持つ子どもにとってはさらに必要です。今からやれば，身に付かないことはありません。将来は，多分社会人デビューが18歳だとすると，そこから考えれば12年あります。

吉田：社会人デビューまでに，あと12年ですか……。

深川：ええ，吉田さんの息子さんの学校教育のゴールは特別支援学校卒業ですよね。それはつまり社会に出るスタートラインです。その時点で，『一生涯を生き抜く力』をどれぐらい身に付けているかでその後の長い人生が大きく違ってきます。

　では，10年後，20年後，親なきあとのそのときに，吉田さんは子どもさんに何を望みますか。

吉田：あ，えーっと。そうですねぇ。16歳だったら，特別支援学校の……。

深 川：高等部ですか？

吉 田：そうそう，そこに元気に行ってくれたら嬉しいですか
　　　ね。26歳だったら，そろそろ身辺の世話は自分で出来
　　　て欲しいですね。

　　　　それから，……その一，親なきあとは，まだ何も私
　　　は考えられないです。あの子が，一人で生きるって，
　　　考えられないです。本当に，まだ，何も考えてなくっ
　　　て……考えると胸が苦しいです。

深 川：吉田さん，今の状況では特別支援学校の高等部しかな
　　　いと思われるかもしれませんが，息子さんに合った他
　　　の選択肢が出てくるかもしれません。

吉 田：えぇ？　どうしてですか？

深 川：その話は順々にしていきますが，それが『一生涯を生
　　　き抜く力』と関係します。それには，多くの時間と多
　　　くの人が必要だから入学式後から……，いいえ，吉田
　　　さんのように，入学式前から始めなければと私は思っ
　　　ています。

吉 田：そうなのですね。深川先生，入学式前からですね。な
　　　んだか，まだよく分かりませんけど。今から，やらな
　　　きゃという気持ちにはなりました。

深 川：はい。やりましょう。このタイミングで話せて本当に
　　　よかった。吉田さんと私の気持ちを合わせることが出
　　　来たことでその効果は倍増します。

吉 田：えぇっ。本当ですか？

深 川：ええ，本当です。言ったじゃないですか，『一生涯を

20

生き抜く力』を持った大人にするには，多くの時間と多くの人がいるって。保護者だけが，教師だけが，一人で抱え込むのでは，この『一生涯を生き抜く力』を育むことは難しいのです。ですが，その子に関わる人間が多いほどその効果は上がります。よろしかったら，前川さんも誘ってみては？　前川さんこそ，一人で抱え込みそうなタイプのような気がするし，ここで一緒に話しましょう。

吉 田：ええ，ほんとに。前川さんも誘ってみますね。

深 川：是非，お願いします。しつこいけど！　『一生涯を生き抜く力』についてのことだと伝えて下さい。

吉 田：ええー。一生涯!!　ただの「生き抜く力」ではないのですね。分かりましたー！

② 特別支援の子どもの進路

深 川：お待ちしていました。前川さん。初めまして。吉田さん，連絡ありがとうございました。

前 川：今日は，お誘いいただいて，とても嬉しかったです。なんだか，不安ばかり大きくなっていて。吉田さんから電話をもらってとても有り難くて。私，実はあんまりママ友がいません。あの子が，色々とやらかしてしまって，園の子どもたちをたたいたり，けったりして手を出しているもので，申し訳なくて園に行くのも本当に苦痛なのです。

　　　　だから，園の先生にも小学校の担当の特別支援の先生を紹介して下さいって言えませんでした。

吉 田：前川さん，これからは前川さんの悩みはここでも解決出来るから安心してね。もちろん前川さんのＢ小学校の特別支援担当のコーディネーターの先生だって，きっと親身になって下さると思うからどちらも利用していけばいいと思う。あっちで言えないことは，こっちで聞けばいいし。ねぇ，深川先生？

深 川：ええ，是非そうして下さい。人に聞けなくて黙ってしまうことは，親だけじゃなくて子どもが一番損をすることになります。手軽なネット情報で調べる方法もいいですが，なかなか知りたいと思うことを探すのが大

変だったりします。また，都市部はいいけれど，ここみたいな田舎のことは分かりにくかったりしますからね。人に聞けば，ピンポイントで地域の小さな情報がすぐに手に入ります。ネット以上に良い面があります。吉田さんも顔が広いからそういう情報をたくさんお持ちですからね。

前 川：ありがとうございます。

　私は，吉田さんに悩みごとを話すと解決まで至らなくても少し気分が収まります。イライラして子どもに辛くあたることも少なくなっていると実感しています。人に聞くことがなかなか出来ないものだから，ネットで調べてばかりいて，さらに不安になるという悪循環です。

深 川：前川さん，大人も辛いときの気持ちを解消出来ないとそうなるのが自然です。子どもも同じです。気持ちがうまく伝えられる方法が少ない場合は，手や足が出たり，時には噛みついたりつねったり，自分の頭を壁に打ち付けたりね。

吉 田：うちの子は，話すことがまだあんまり上手じゃないから，言いたいことが言えないとすぐに泣いてしまいます。それで，前川さんのお子さんにいつも助けてもらっています。とてもね，有り難いと思っています。

深 川：子どもも大人も一人で抱え込まないことが大切です。これから，悩みごとがあったら出し合いながら「子どもを大人にする教育」について話し合っていきましょ

う。それぞれのお子さんに合った方法で将来必要な力を身に付けることが出来るようにお話出来ればと思います。前回，吉田さんには，少しお話ししたのですけどね。

吉 田：ええ，覚えていますよ。『一生涯を生き抜く力』ですよね？

深 川：そうです。それには「多くの時間と多くの人が必要」だと話しました。そこまででしたね。

前 川：そういう子どもの一生を考えた長い期間の教育ってこれまで全然聞いたことがないし，ネットでもあまり見ないですね。早期教育だったらあります。早くから文字や英語などを覚えさせるって。

深 川：おっしゃるように，「学力の向上」に関しては，学校教育だけでなく就学前の幼児教育も世間では熱心ですし，塾の幼児コースもたくさんあります。でも，私は学校を卒業したあとの長い人生の時間を，今から見据えてよりよい幸せな生涯となるようにしたいと思っています。

前 川：そうすると，自分らしく生きるための自立，そして例えば働くことなども含めたその子にとっての自己実現も考えた教育ってことですね？

深 川：ええ，まず，特別支援教育は障害を持つ子どもの自立や就労を念頭に置かなければならないと思います。でも，一般的に学校では，何のために勉強するのかって聞かれたら自立や就労というような言葉よりも「○○

大学に行くため」って子どもたちは言います。まず，大学ありきなのです。「勉強しなきゃ，いい大学に入れないわよ」っていうセリフは，よく教師や親から耳にタコが出来るほど言われていましたよね？　そして，大学に入ってから，職を探す方向へ学生の意識が動いていくのは3年や4年です。

吉　田：ははは，私なんかはそればっかりでしたねー。

　　　　でも，深川先生，私の子どものような障害を持っている場合は，もちろん大学には行けないし働き口をこちらが選ぶなんてことは到底出来ないと思っています。だから，進学については，ハッキリ言って他人事でどうでもいいのです，私。

前　川：息子も落ち着いて勉強するタイプの子ではないですし，今のところ大学なんて全然考えられません。でも，高校ぐらいは行って欲しいですね。自宅の近くの私立高校が入れてくれると助かるなぁって。

深　川：ええ，今までの常識から考えればそうなります。現在の進路選びで知的な障害を持っている場合は，公立小中学校の特別支援学級で学び，その後は，特別支援学校へ行く進路になるでしょう。そして，発達障害傾向の子どもは，通常学級で支援員がついて学ぶなど特別支援を受けながら小学校時代を過ごし，並行して通級指導教室に通うなどですね。そこで個別の指導を受けて，障害の特性に合わせた学び方を身に付け，受験勉強をして高校に行くような進路の考え方が主流です。

ただし，どちらの考え方も行きたい学校だから行く
　という選び方ではありません。

前 川：すみません，よく分からない言葉があって。ええっと，
　　通級？　通級指導？って，何ですか？　個別に指導し
　　てくれるのは分かるのですが，学校の中にある教室の
　　名前ですか？

深 川：ああ，そうですね。分かりにくいですよね。

　　通級指導教室って言いますが，特別支援学級とは内
　容が全く違います。通常学級で学んでいる障害を持つ
　子どものための教室です。ですから，教室の種類が障
　害種別に９種類あります。言語障害・自閉症・情緒障
　害・弱視・難聴・学習障害（ＬＤ）・注意欠陥多動性
　障害（ＡＤＨＤ）・肢体不自由・病弱身体虚弱の９種
　類です。それぞれの特性をよく考えた教育を専門的に
　学んだ教師が，週１〜２時間程度授業を行います。通
　常の学級で学ぶ子どもですから知的障害はないという
　前提です。しかし，学習障害（ＬＤ）といって文字が
　読めない障害やひらがなが書けない書字障害，計算な
　どが出来ない算数障害などの場合は，障害の特性で苦
　手な教科学習の補充をすることがあります。

　　情緒の指導では，コミュニケーションスキルを学ぶ
　こともあり，その子どものニーズから指導内容は変わ
　ります。

前 川：それはいいですね。Ｂ小学校にもありますか？

深 川：残念ながら，Ｂ小学校にはありません。

現在の制度では，全部の学校には置いていません。拠点校とされる学校に開設されて，近隣の学校の子どもがそこへ通うシステムになっています。

前川：では，設置していない学校で学ぶ子どもたちは親が送迎するのですか？

深川：そうです。決められた時間がありますので，その時間に子どもの送迎をする必要があります。その時間は，毎週，固定枠となる場合が多いです。学級の時間割の授業を抜けることになりますから，その時間の復習を担任教師と相談しておくことをお勧めしています。そうすれば，教科の学習が遅れることはありません。通級指導で障害の問題が改善されると，卒級といって通うことを終了します。

吉田：ああ，ずっと行き続けることはないのですね。

深川：そうですね。見ていると４月に始めた子どもがその学年で卒級することもあったし，３，４年で卒級は珍しくありません。でも，最近は６年生までというケースもあります。

前川：診断名は必要ですか？

深川：通級指導教室の対象になるかどうかは，医学的な診断だけで決まるわけではありません。総合的に判断することが一般的です。診断名がないから通級に行けないということはありません。例えばＢ小学校の特別支援コーディネーターが，学校で前川さんの息子さんの問題でケース会議を開いてその方向に話が決まれば行け

ますし，前川さんがケース会議を開いて欲しいと学校側に要望しても構いません。

前 川：そうなのですね。安心しました。入学してからでないと分かりませんが，そういう道もあると知っているだけでも違います。

深 川：また，分からないことがあれば聞いて下さいね。

吉 田：先ほどの進路の話ですが，たしかにそうです。知的障害の息子はその進路でいくだろうと思います。その進路が息子にとっては無理がないと思います。同じ学年の通常の学級にときどきお邪魔させてもらって，同じ年の学年の子どもと週に７，８時間ぐらい関わって友だちと過ごしていけたらいいなぁって。

深 川：ええ，それは大丈夫です。特別支援学級は，支援学級の子どもが同じ年の子どもと安心して交流出来るように，親となる学級を決めています。その学級の呼び方は色々で，親学級，原学級，交流学級などと呼んでいます。同じ年なので，幼馴染みや仲良くしていた同じ保育園の児童もいる学級が普通です。朝と帰りの会は，必ず交流学級に戻すようにしています。

吉 田：帰りの会も一緒ですか？　じゃあ，近所の子どもと一緒に帰れますね。

深 川：ええ，もちろんです。

吉 田：そんな普通のことが，普通に出来るということが親の願いです。あの子のペースで勉強して楽しく学校生活が出来れば……。人より出来ないことはよく承知して

います。息子が，楽しく学校に行ってくれるのが息子の幸せだと考えています。

前川：それは，私も吉田さんと同じ考えです。少人数で特別支援学級の先生にお世話してもらえれば，息子の良い面もだんだん見えてくると思っています。

息子は，本当は優しい子なのです。

深川：お二人が我が子の幸せを願っている気持ちは，私にもとてもよく分かります。私はお二人の我が子を思う強い気持ちには全く及びませんが，関わる教師として教え子の幸せを強く願っています。

だからこそ，とても厳しい現実をお二人に話さなければと思っています。そして，学校卒業後に社会へのスタートラインに立ったとき『一生涯を生き抜く力』を持ってそこに立てるような学校教育にしたいと思っています。

③「就学」のスタートライン

深 川：それでは，進路からお話ししていきたいと思います。

吉田さんのように初めから特別支援学級に籍がある場合と，通常学級の籍を特別支援学級に移す場合があります。それを学校では，「措置変更」と呼んでいます。教師にも，あまり知られていない専門用語です。

吉 田：うちの息子は，ひまわり学級に籍があるということですね？

深 川：そうです。逆の場合もあります。私が担任した子どもで，不慮の事故でケガをして特別支援学級に籍を置いていた子どもが，快復したので通常の学級に「措置変更」をしたこともありました。

前 川：「措置変更」って言うのですね。初めて聞きました。

深 川：ええ，一般的なのはやはり通常の学級から特別支援学級へ「措置変更」する場合です。

吉 田：私の子どもの場合は，早くに知的障害の診断が下りていたので保育園でも特別な対応をしてもらっていました。でも，就学先については，毎日子どもの様子を見ているつもりでも，保育園で相談していても，いざ決めるとなるとどこがピッタリくるか分からなくなったので教育委員会にも相談しました。

深 川：吉田さんのように，就学相談については市町村の教育

委員会でも相談出来ます。その市町村の教育委員会で設置されている教育支援委員会では，保護者に対してその子に応じた適切な対応が出来る学校の情報を提供してくれます。その情報を聞いて，保護者は考えます。そして希望する学校を決めますが，総合的な決定は教育委員会がすることになります。

前 川：最終的には，保護者じゃなく教育委員会が決定するのですね？

深 川：はい。最終的な就学先の決定は，市町村の教育委員会がすることとなっています。しかし，教育委員会が保護者の意向に沿わない決定を下すことは出来ない仕組みです。あくまでも合意を図ることが目的とされており，平成25年の学校教育法施行令の一部改正の中で「可能な限りその意向を尊重しなければならないこと」と明記されています。

前 川：私たちが意見を言えないということはないのですね？

深 川：そうです。納得するまで話し合っていいのです。

吉 田：でも，教育委員会はお役所だしちょっと相談しにくいと言う人もいます。

深 川：そういう方々には，3歳児健診や5歳児健診などで身近なところで出会う地域の保健師や医者にまず心配なことを相談する方法があります。

健診の時には，地域の医者が担当していますから，適切な療育相談機関の紹介もしてもらえます。新生児から乳児期で気になることがある場合は，産婦人科や

小児科で受診をしてそこで紹介してもらうことも出来ます。

吉　田：実を言えば相談先で色々と教えてもらったのですが，結局どうしたらいいか分からなくなってしまいました。子どもを特別支援学校と特別支援学級に連れて行ってしばらく通って，その様子を見て決めました。色々と情報を聞くと迷います。

深　川：それで，放課後に何度も来ておられたのですね？

吉　田：はい。自分の子どもの様子が一番分かるには実際に行ってみることかなって思いました。それで決めました。特別支援学級で無理が多いようだったら特別支援学校への転入を考えればいいし。家の近所の幼馴染みがいてくれるのも，決め手の一つです。

深　川：不安を抱えた保護者の方は，年長の夏休みを使って学校見学によく来られます。身体障害がある子どもの場合，バリアフリーなのかどうか，どこまで職員は対応可能なのかを聞きに来ます。施設設備面は，かなり判断に影響を与えていると思います。うちは，校舎が新しくて全てバリアフリーです。そのため結構人気です。子どもが特別支援学級に入ることが分かっている場合は複数回入学前に来てもらいます。入学後のシミュレーションが，親子で出来るようにすることも狙います。自宅から保護者と子どもと歩いて登下校の練習もしてもらいます。自分の子どもがどの道を通り，どの場所が問題になりそうなのかを把握してもらいます。

吉田：それ，それ，登下校の練習は必須。もう，色々なところで道草食うから。あはははは。

前川：間違いない。あはははは。

深川：そうそう。普段，保護者は車に乗っているので知らないことが多いと思います。そして，下足棚，棚の配置，机の場所，トイレ，職員室なども見てもらいます。入学後，すぐに必要となる知識を事前に伝えます。

吉田：そこまでしているのですか？

深川：ええ，私の学校ではこのようにしていますが，どこまで対応するのかは，学校で違うと思います。でも，不安なことがあれば迷わずに相談して下さい。

　　　そして，入学式の前日です。準備が終わった会場へ来てもらってシミュレーションです。入学式の会場は，大体体育館のことが多いですね。体育館のトイレや入場して座る場所など，当日の流れを本人と確認します。ここまでやっておくと，本人の不安定さが随分変わってきます。それは保護者も同じです。当日，何かでパニックになっても事前に打ち合わせをしておけばいいのですから。事前の心構えを家庭と学校ですることで双方が安心出来ます。

前川：通常の学級の子どもも事前の下見は希望すれば出来ますか？

深川：ええ，出来ますよ。そして，学校側は，幼稚園や保育園と申し送りを直接しているので，対応の情報が伝わっている場合もあります。

前 川：子どもの不安感が軽減するなら，ますますやらないと損だなと思いますね！　春休みの時間がまだあるので是非やってみようと思います。

深 川：突然には職員対応が出来ない場合がありますから，B小学校にまず，お伺いをして下さい。

前 川：もちろん，そうします。モンスターペアレントに思われるのは嫌ですから。

　ところで，就学先を決めるには本人や保護者の意向を聞いてくれるようになったのは最近なのですか？　それまでは，聞いてもらうことも難しかったのでしょうね。

深 川：ええ，そうです。その時の教育委員会とのやりとりは，やはり壮絶だったようで，その時の悔しさは今も忘れることが出来ないと話す保護者の方々がいます。例えば，ある保護者の子どもは知的障害に加えて身振り手振りでしか意思表示が出来ない状態だったそうです。教育委員会の専門家を交えた総合的な判断は，特別支援学校小学部が就学先として妥当との判断で，保護者の気持ちと食い違いがあり何度も話し合いを重ねたそうです。

　保護者は，子どもは地域で生きていくのだから，仲間をつくるために小学校だけでも一緒にいさせて欲しいと繰り返し話したそうです。「それでは，その子どもの安全性が確保出来ない」とする委員会との話し合いは，ずっと平行線だったそうです。委員会との対応

は，大変辛く心が折れそうになるので，一人では話し合いに出向かないようにしたと聞きました。

　どうしても，その保護者は地域の中で子どもを育てたいという希望を通したかったので，最終的に母親が職を辞めて毎日付き添うということでようやく委員会と折り合えたそうです。「毎日，付き添うのは大変だったけれど，小学校2年生まで地域の学校に子どもを行かせることが出来たことは子どもにとってとても良い刺激として残った。また，地域の方が我が子を知ってくれている安心感は何物にも代えがたいと思う」と話していました。

吉　田：涙が出そう。同じ気持ちです。

前　川：職よりも子どものかけがえのない時間を大切にしたお母さんも，きっと後悔しなかったでしょうね。けれど，お母さんは結果として仕事を辞めているので教育委員会とのやりとりはさぞ辛かったでしょう。この気持ちは，分からない人は分からないと思います。

深　川：教育委員会もマンパワーが足りないものだから安全性を担保出来なければ「よし」とは言えません。

吉　田：ええ，それはそうですけどね。

深　川：いずれにしても学校見学は，不安がある場合は早目に相談した方がいいですよ。行く前に連絡をして下さいね。B小学校の特別支援コーディネーターを指名して下さい。いなければ，管理職にお願いしてみましょう。入学前に管理職と顔見知りだと，心強いし，その後，

支援の相談もしやすくなります。職員室に顔を出して，職員に挨拶をしておくことはお互いにとって有効です。職員は，新年度を迎える準備で目まぐるしく見えるかもしれませんが歓迎しない職員はおりません。教職員にとって保護者の顔が見えると親近感が増しますから。

前 川：分かりました。深川先生，入学前から息子と私は，学校とのつながりをつくっておくということなのですね。今まで色々あって，保育士さんたちにも声がかけられず悶々としていましたけど，小学校ではそうならないようにするために，私から先生方に近づいていきます。

　　　何とか，息子のために，私も動きます！

深 川：よかった。少し顔が輝いてきましたね。大丈夫。必ず，味方になってくれる教師がいますから。

前 川：はい。頑張ります。

吉 田：あぁ，よかった。これからは，自分ばかり責めたらダメだからね。

前 川：ええ。あ，その措置変更の件ですが，出来れば通常の学級で友だちと一緒に長く多くの時間を過ごさせてあげたいです。そして，どうしても学習についていけないとか教室で人に迷惑をかけてしまうようであれば，措置変更を考えるかもしれません。

　　　でも，教育委員会って行ったことがないから，ちょっとした小さな相談は言いにくいですね。どこか，いいところはありますか？

深 川：そうですねぇ，自治体で就学前の支援がかなり違って

います。小さなところは財政的にも厳しいですね。でも，入学後であれば特別支援学級へ入る前に，通級指導教室で教育相談も受け付けてくれますよ。特別支援コーディネーターが相談に乗り，情報は伝えてくれますよ。また，お子さんに体験してもらうことも出来ます。通級指導教室は，前川さんの息子さんのように通常の学級で学ぶ子どもが利用するところになっていますので，吉田さんの息子さんは制度上利用することは出来ません。

吉 田：うちは，利用出来ないのですね？

深 川：はい，出来ません。

前 川：措置変更で在籍を特別支援学級へ移したら，私の息子も受けることが出来ないのですね？

深 川：ええ，そうです。卒級になります。特別支援学級で，個別に対応が出来ているという前提がありますから。仮に自校であれば，保護者は特別に何もしなくても通級担当者が教室へ迎えに来てくれますからよいのですが，他校通級の場合は毎週送迎になっていますので，仕事を持っている保護者さんたちは大変です。職場の理解を得ることが必要になると思います。

前 川：分かりました。入学後に特別支援コーディネーターに聞いてみます。

　　でも，学習に関してはかなり不安です。保育園の先生方からは，医療機関の受診を強く勧められることはありませんでしたが，それはひらがなが読めるし書け

るからだと思います。でも，衝動性が激しいし，友だちとのトラブルが多いので，やはり，そのままだと中学年になるとかなり難しいと思います。

深 川：そうですね。こればかりは，お子さんの状況を見ないと今から決定することは出来ないと私も思います。ただ，これは言えます。義務教育が終わる時に進路を探していたのでは遅すぎなのです。まさに，今が知る一番良い時期だと思います。

吉 田：ええ？　そうなのですか？　進路は今から考えるって早すぎじゃないですか？

深 川：そうでしょうか？　吉田さんも前川さんも小学校の入学に関してはどれぐらい前から情報を集め，準備されたでしょうか。少なくとも意識するのは，年中を過ぎた頃ではありませんか？　年長になると必死になって出来ないと困ることを練習させていませんでしたか？

吉 田：深川先生，人が悪いなぁ。まるで，見ているみたいですね。「年長さんの間にやらなければ」って，それはもう必死でしたよ。給食時間を意識して20分以内に食べられるようにするとか，体育の時に遅れては困るだろうから，体操服の着替えを10分以内にする練習とか，何かと時間を縮める努力をしました。

深 川：小学校のスタートラインである入学式をかなり意識されていたでしょう。

前 川：ほんと，吉田さんと同じように深川先生には隠せないですね。

うちは，友だちに手を出してしまうので，気持ちの切り替えを自分ですることを少し練習していました。でも，なかなか上手くいかなくて，唯一トイレに行って気持ちを切り替えることだけが，今，息子が一人で出来る方法です。すぐには，出来ないのは分かっていますが。

　そういう状態なので，今知っておかなければ18歳の社会人のスタートラインに立つ前にどれほど大変になるのかを考えるとゾッとします。子どもの良いところまで，見失わないようにしたいですね。

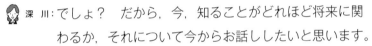深 川：でしょ？　だから，今，知ることがどれほど将来に関わるか，それについて今からお話ししたいと思います。

④ 「就労」へのスタートライン

 深 川：就職の仕方は，大きく分けて３種類に分かれます。

　　　　第一は，一般企業に健常者と同じ条件で働く場合です。これを一般就労と呼びましょう。

　　　　第二は，障害者枠一般就労です。企業は一定の割合で障害者を雇わなければなりません。これを障害者枠といいます。障害者枠を利用して一般企業に就職する場合のことです。

　　　　第三は福祉就労です。事業所と呼ばれる福祉施設で働くことをいいます。事業所には色々な種類がありますが，とりあえず３種類あることを理解しておいて下さい。

吉田・前川：はい。

 深 川：では，まず一般企業で健常者と同じように働く場合です。ハッキリ言いますが，何のフォローも一切ありません。通常の学級で支援がない状態で勉強をしている状態と同じですね。健常者と同じ業務がこなせて成果が出せるかどうか。何かトラブルがあった場合は，後始末も大人ですから自己責任です。申し開きは全て本人がしなくてはなりません。

　　　　これが，一般就労です。このような一般企業で働くには，何が重要だと思いますか？

前　川：そうですね。その仕事と息子のやりたい気持ちが合っているかどうかでしょうか？

吉　田：うーん。うちの息子だったら，その仕事がまず出来るかどうかでしょうねぇ？

深　川：「やりたい気持ち」「出来るかどうか」，どちらも大切なことのように思えますが，実際はこうです。企業は，学校と違いますから利益を上げなければ雇用する意味はありません。ですから，吉田さんが話したように仕事が「出来る」ということが大前提になります。

　　　　　今の社会は，即戦力がとても求められます。学校を卒業したばかりの何も出来ない人を雇いません。昔は，育てる企業もありましたが，今やそうではありません。仕事が出来ない人は，数日で仕事を教えられるアルバイトやパートとして雇います。

吉　田：ああ，そういえば，夫の会社でも正規で雇用される人が減っているって話していました。アルバイトやパートに切り替えているそうです。

　　　　　私も含めて特別支援の知り合いの保護者は，障害を持った子どもの就労に関係する情報を殆ど知りません。療育の話は，専門家の方がたくさん講演会もするし，本もあるじゃないですか。だから，ある程度はみなさん知っています。

前　川：えっと，療育って何？

吉　田：療育ってね，社会的に自立出来るように取り組む治療と教育のことなの。でも，学校を卒業してから先のこ

とは耳に入らないわね。このままだと社会に出る際に学校教育の感覚が抜けていないかもしれませんね。想像ですけど。

深川：そこは，とても重要です。その意識に欠けている本人や保護者は，企業が何もしてくれないことに腹を立てます。何もしないことが当たり前なのですよ。だって，大人ですから。そこが，よく分かっていないのでしょうね。

　学校教育の感覚が抜けていない事例があります。仕事は出来るものの，作業する職場の周囲の人に平気で嘘をつくそうです。仕事上の嘘は，会社にとっては大変困るから何度も注意しました。しかし何度も注意をしても改めようとしないために，最終的に保護者を呼んで注意することにしたそうです。しかし，会社から注意された保護者は，学校でも同じようなことが何度もあり，小さな嘘ぐらいで周囲が困るとは認識出来ません。そのため，いつもの小言で済ませてしまいました。改善が見られないため，結局，勤務時間を強制的に半分にして給料を減らされました。

前川：ははぁー。うちの息子みたい。その場をごまかすためにすぐに分かるような嘘をつきます。

深川：嘘をつくのは，障害の症状だと思いますか？

前川：えっ？　それは，違うと思います。子どもって，誰だって嘘をつくことはあると思うので，障害のせいではないですよ。

深 川：それって，とても大事なことです。その企業の管理職
　　　は，雇用した障害者の障害のせいで勤務時間を半減し
　　　給料を減らしてはいないのです。嘘をつくからです。

前 川：あ，そうか〜。そうですね！

　　　会社では，自分は何が「出来る」のかを本人が理解
　　　出来ていることが大前提と聞きましたが，それだけで
　　　はいけないのですね！

　　　「人として大事なこと」を息子自身が分かっていな
　　　いといけないってことなのですよね。

　　　「人として大事なこと」の学びと，自分には何が
　　　「出来る」のかということを学校にいる間に理解して
　　　おくということなのでしょうか？

深 川：ええ，そうです。どちらも大事ですが，人として許さ
　　　れないことはどこの会社でも許されません。「人とし
　　　て大事なこと」の学びは，まずは家庭で学ぶことだと
　　　思いますが，家庭の価値観はそれぞれ違うので学校で
　　　はぶつかり合います。

　　　端的にそれが出るのが，食事のマナーです。上品に
　　　食べる子どももいれば，お椀に口を持っていく犬食い
　　　をする子どももいます。また，嫌いな食べ物をトイレ
　　　に行って吐き出して流す子どももいますし，食べ物が
　　　口の中にあっても平気で喋りまくる子どももいます。
　　　様々です。

　　　それが学級集団の中では，子どもは自分の家庭での
　　　価値観を客観的に見ます。何が社会では受け入れられ

るのかを学びます。家庭で正しい躾が出来ていなければ，学校の集団で学ぶのです。そして，自分と違う人も受け入れることが出来るようになります。自分が間違っていたら自分を変えれば受け入れてもらえる経験が出来ます。でも，特別支援が必要な子どもは，個別支援が主になってしまい集団の中で生きる機会が奪われればどうなるでしょうか？

前 川：学ぶことが出来ません。

吉 田：……そして，いきなり社会に出たら，自分を変えることは困難ですね。

深 川：前川さんの息子さんは，嘘はいけないと知っています。でも，ちゃんとした理解が難しい。それでは，多くの人がいろんな機会を捉えてダメだと語っていくしかないのです。とても重要なことだと思いませんか？

吉 田：考えさせられました。うちの息子は，食べるのが遅いのでひまわり学級でと思っていましたが間違いですね。「人として大事なこと」が分かるって，重要ですね。それは，どの会社でも求められるということなのですね？　深川先生。

深 川：ええ，どのような人でもどこに行っても求められます。障害の有無に関係なく。

吉 田：もちろん，私の息子も！ですね？

深 川：そうです。誰でもです。

前 川：その学びと，そして，何が自分は「出来ないか」を理解しておかなくていけないのですね？

吉　田：「出来ない」こともですか？　それを話すと雇っても
　　　　らえないということはないですか？

深　川：いいえ，会社にとって「出来る」ことを継続して成果
　　　　を出していく人材は確保したいのです。でも，採用し
　　　　た人が「出来ない」ことがあると知らず，会社側が業
　　　　務内容に「出来ない」ことを含むようなことがあれば，
　　　　採用された人は業績を上げることは出来ません。

　　　　　だから，「出来る／出来ない」がハッキリしている
　　　　方が雇用する側にしてみればよいわけです。そして，
　　　　本人も「出来ない」仕事を割り当てられることはない
　　　　ので楽です。利益を上げられなければ，当たり前です
　　　　が企業はつぶれます。福祉の事業所は，国の助成金が
　　　　あるのでつぶれませんが，そこを利用する障害者の
　　　　方々にお金を渡すことは出来ません。

吉　田：重度か中程度の障害を持つ人も，その「出来る／出来
　　　　ない」がハッキリしていれば企業や福祉の事業所で就
　　　　労出来るのでしょうか？

深　川：出来ます。発達障害の人の中には，好きなことは時間
　　　　を忘れるほど集中して取り組む人がいます。そのよう
　　　　な人が得意なことだけを切り出して仕事を与えられた
　　　　らどうなると思いますか？

前　川：飽きないと思います。

深　川：そうですね，続けることが可能です。重い知的障害の
　　　　方でも，ある仕事のごく一部分の工程のみ切り出して
　　　　「出来る」作業を続けられます。福祉の事業所では，

それを考えて仕事を与えます。

前 川：どのような仕事でしょうか？

深 川：私が見た事業所は，農業と福祉の連携に力を入れていましたので，収穫した野菜の作業をしていました。

　　訪問した日は，大葉をビニル袋に袋詰めしていました。その作業は，きれいに洗浄したあとの大葉を大小構わずにビニル袋へ無造作に入れる作業です。大きさを揃えることは「出来ない」のですが，大葉を掴んで袋に入れることは「出来る」方々でした。

　　きれいに揃えて売るよりも，大きさはバラバラの袋詰めをグラムで計り売る場合は安くできて買い手にも好評なのだそうです。

前 川：なるほど。福祉の事業所では，そのようになっているのですね。

吉 田：我が子が自分のことを理解出来るかどうか不安です。学校って，勉強が「出来る」ようにはさせてくれるけど，就労に関して「出来る」ようにさせてくれるのでしょうか？

深 川：現在の中学校の進路指導での状況は，就職を希望した生徒へ就職先を数多く紹介することは現実的には難しい状態です。

　　これは，ある地方都市での市内全部の中学校の平成22年から24年の進路に関する取材で分かったことです。就労希望の子どもの９割が縁故就職で，残りは未定となっていました。中学校の就職斡旋が殆どないことが

分かります。一方，中学校で進学する子どもは平成28年度で通信制を含めると98.7%です。働くことが「出来る」教育は後回しになっていると私は思います。

前　川：勉強が「出来る」ことと就労で働くことが「出来る」というのは結び付いているのでしょうか？

深　川：今の学校教育では，特別支援教育が始まって10年経ち特別支援に関する学校教育の在り方も随分変化してきたと思います。学校現場も努力しています。特別な支援をすることは，今や学校教育では当たり前になってきています。

　以前は，いろんな子どもがいることが当たり前という前提が教師にあるようでなかったですから，一律を求める教師たちが非常に多かったのです。

　現在では，10年おきに行われる教員免許更新研修の必修科目に特別支援教育を入れて障害理解を広めようとしています。しかし，現状ではそれは単に，授業の中で個々の障害が教科を学ぶことの障壁とならないように配慮するための知識として受け取っている教員が多いと感じています。

　また，就労で「出来る」ための力という以前に，社会に出るための力の必要性の認識がそもそも教師に低いと感じられ，勉強が「出来る」ことと就労で働くことが「出来る」ということが結び付いているとは，私は言えないと思います。

前　川：深刻な話になってきましたね。

深川：ええ，深刻です。まず一般就労で大事な「出来る／出来ない」ことの本人理解ですが，非常に相反することが特別支援教育の今のシステムでは行われています。それは，支援員が張り付いてみんなと同じように「出来ない」ことを「出来る」ように支援しています。

前川：あ，でもですよ，それは，必要なことだと思います。学校の時間って始めと終わりが決められているから，その時間の中で終わらないと次の時間に間に合いません。先生も一人だけ，ずっと「出来ない」まま放っておくことも難しいでしょう。息子が出来ないまま放置されていたら，私は文句を言うと思います。

深川：ええ，学校は全ての時間で何をするのかが決まっています。その時間の流れで次のことに移れずに困るのは，本人と担任です。私としては，「出来ない」ことを支援員の力で「出来る」ことにして過ごす期間が勿体ないと思っているのです。

　仮に「出来ない」状態が続いても，色々な子どもと関わる時間を与えたならば，他者の力をどのように上手に借りるかというスキルを身に付けることが出来て，生きていく上でも就労でもとても大事なことを学ぶことが出来ます。

前川：そうですよね……。支援員がずっとついている状態は，本人も担任も困らないのですが，将来は困るということになりますね。

深川：ええ，そうです。育つチャンスがないということです。

前 川：そういう視点で考えたことがなかったですね。支援を
してもらえば勉強に集中出来，教師から怒られないと
いう程度の認識でしかありませんでした。

深 川：吉田さんの息子さんの場合は，特別支援学級での授業
がありますよ。その授業では，自立するための能力を
スキルアップするためにサポートとして支援員が必要
な場合もあります。生活面で自立のために必要なスキ
ルの向上ですから外せません。

吉 田：そうしてもらわないと困ります。

深 川：ええ，でもそれと同時に人と関わるスキルも身に付け
る必要があります。

吉 田：そうです。

深 川：だから，交流学級へ行って他の児童と自分の力でやり
とりすることは，生活面の自立と同じぐらい，いえそ
れ以上に必要になってきます。

吉 田：ああ，そうですね。自分の力でやりとり出来ないと就
労は出来ないですね。

深 川：しかし，前川さんの場合は普通の学級にいますので，
自立のためのサポートというよりも授業内容に沿った
ことになります。多動や衝動性による授業での困難さ
をどのようにサポートし授業内容を本人に伝えるのか
という点が，担任と支援員の特別な個別支援の柱にな
るでしょう。就労を見据えての特別支援というよりも，
学習をするための支援がなされているというのが今の
学校現場です。その支援によって学力が向上し，進学

する場合に有利になるという古い価値観が教師にあります。その先には，進学が出来て一般的な高校や大学に行けば就労も何とかなるという幻想があります。

10年前はそうだったかもしれません。

でも，今や企業が求める人材は違います。先にも話しましたように企業が求めている情報と人材は，自分は何が「出来る／出来ない」かを分かっている人です。まぁ，あとで詳しくお伝えしますけれども。

前 川：今の学校教育を卒業したとき，息子が社会で求められる人材となっていなければ，就労のスタートラインにすら立てないということですね？

深 川：ええ，そうです。

教科教育でサポートを受けて勉強はある程度は「出来る」ようになったけれども，社会人としての資質・能力がないと生きられません。スタートラインに立つための学びを学校教育時代にやらなければ，いつ誰がしてくれるのでしょうか。身体は大人になった，18歳過ぎた我が子の教育を親だけで出来ますか？

前 川：無理です。

深 川：そうです。学校卒業後にあるのは親の力しかないので，親が何とか出来なければ子どもはそのままです。悲惨です。そうならないように，学校側にはどう働きかけていけばいいのかということになります。

初めは，少し勇気が必要だと思いますが，頑張ってやって欲しいです。まず，初めに生涯を視野に入れた

教育を共に考えて欲しいというお願いを学校側に申し入れることになるでしょう。特別支援関係の話ですから，担当者は特別支援コーディネーターや管理職，担任ということになると思います。

　しかし，そこが，教師に受け入れられるかどうかという点で懸念されますが，方法はあります。

🧑 前 川：えっ，あるのですか？　方法が？

🧑 深 川：はい。あります。

　それは，現実的で具体的なビジョンを教師側に話すことです。

　具体的なところまではハッキリしていなくても，就労する際に我が子にとって必要な力を伸ばすことを教育で望むということをまず話せればいいのです。殆どの教師は，自分がいる校種までしか実はよく知りません。進学した先とは，年に数度会う程度ですから何も分からないと言っても過言ではないのです。

　ましてや，長期的な視野で特別支援の子どもの将来を考える余裕は，学校現場には殆ど皆無です。我が子の将来を見据えて，就労させるためにどのようなことを教育に期待しているのかを，優先順位をつけて話し，且つ，どのようなことを学ばせて欲しいと思っているのかを学校側に伝えます。

🧑 吉 田：なるほど。先手を打つ形ですね。

🧑 深 川：そうです。障害を持つ子どもの将来を見据えた話ですから，安易にないがしろにする校長はまずいません。

保護者が将来のビジョンをハッキリと伝えることです。恐らく，学校側は，すぐに出来ることやすぐには出来ないことを出してくるでしょう。今までそのようなことを求められたことはなかったからビックリするかもしれません。でも，合理的配慮の提供は法的に保障されていますので，じっくりと話し合いは出来ます。穏やかに感情的にならずに理解し合える関係を続けていくことが大切です。

　学校の教職員は毎年２，３割が異動しますので，こじれても次の職員が来ます。ですが，こじれてもいいことは何一つありません。話し合いは，将来を見据えつつ学校でまず始められることから取り組んでいくことを目指して下さい。

　担任から言われるがままではなく，目標とする将来の姿を伝えて共有してもらいましょう。しかし，全てが通るとは限りません。周囲の関係者のみんなが反対したり，無理だという意見が多かったりしたならば，折り合いをつけて再検討しましょう。

　そして，色々な人との連携で多面的に我が子を見るような話し合いのケース会議を持ってもらうと，前向きな話し合いを行うことが出来ると思います。そのときに，あとでお話しする受給者証を持っているようであれば，福祉側から相談員が出てくれます。小中高を見通して関わる相談員をケース会議に入れると，教職員よりも頼りになるはずです。

自分の考えにこだわって，モンスターペアレントの
　ように思われることは我が子にとって不利益です。で
　も，周りの関係者と良好な関係を持ちながら，粘り強
　く，したたかに話し合うことは大事です。

吉田：分かりました。では，将来のビジョンを描くために，
　　一般企業の話だけではなく，福祉の事業所へ行くかも
　　しれない息子の就労に関して，色々と教えて下さい。

いかがでしょうか？

恐らく，全く知らなかった言葉がどんどん現れて，面食らってしまったかもしれません。しかし，そのような知識がとても重要であることが分かったと思います。

残念ながら，現状の特別支援教育は，「勉強」に関して健常児に近づけるのにはどうしたらいいか？という意識に限定されています。そのため，就労に対して意識することは殆どありません。特に，義務教育の課程ではほぼ皆無と言っていいと思います。

教育基本法第１条には，教育は「国民の育成」を期して行われなければならないと書いてあります。では，国民とは何でしょうか？　日本国憲法には国民の義務は３つしか書いていません。そのうちの２つは「勤労」と「納税」なのです。

学校は企業予備校ではないと言われる方もいます。たしかにそうかもしれません。しかし小学校も，就労・納税が出来る国民を育成しなければならないと思います。それなしでは子どもの幸せはありません。

次章では，もう一歩，就労に踏み込みたいと思います。

第2章

就労の仕組み

教員の就労の仕組みは至極単純です。教員志望の学生は地元志向が強いので，多くの場合は出身地で就職することを希望すると思います。大学で取得した免許で教科・学校段階が決まります。

ところが文学部・経済学部などの，いわゆるつぶしのきく学部の学生は様々な業種を受けます。就職活動の複雑さは，教員養成系学部の学生とは天と地ほどの差があります。

しかし，特別支援の子どもの就労の仕組みは，もっと複雑です。そして，その選択はもっと重要になります。このことを理解するのは大変だと思います。

私が特別支援教育の専門家である深山さんから最初に説明を聞いた時，何が何だか分かりませんでした。とにかく訳の分からない言葉がマシンガンのように出てくるのです。複雑なことが嫌いな私が理解したことを，出来るだけ簡単に説明したいと思います。是非，理解して下さい。とても重要だからです。

① 企業の就労を希望する場合

深 川：まずは，障害者雇用率制度を使って一般企業へ就職した場合です。

吉 田：ちょ，ちょっと待って下さい。その制度についてもう少し詳しく教えて下さい。

深 川：分かりました。先ほど簡単に説明しましたが，障害者雇用率制度というのは，民間企業及び国及び地方公共団体は，ある一定以上の障害者を雇用しなければならないという制度です。

　　現在，民間企業は2.0%です。国及び地方公共団体は2.3%です。今後，その割合は引き上げられます。また，今までは，知的障害者，身体障害者が対象でしたが，制度の見直しによって新たに精神障害者が追加されることになります。その他にも諸条件を満たせば対象者となります。

吉 田：うちの息子は児童相談所で検査を受けて障害者手帳を取りました。知的障害なので療育手帳です。

前 川：障害者手帳って，たしか種類があるのですよね？

深 川：はい，大まかですが障害種によって違います。知的障害は療育手帳といいますが，名古屋市では愛護手帳といって名称が違います。身体障害は身体障害者手帳で，程度によって１～６級まで交付されます。精神障害は

精神障害者福祉手帳で，障害の程度によって１～３級まで交付されます。その３種を総合して障害者手帳と呼びます。

前 川：じゃあ，うちの子はもし発達障害としたらどれになりますか？

深 川：発達障害は，発達障害手帳そのものが存在していません。知的な障害が重複してあれば療育手帳になりますが，そうでない場合は精神障害者福祉手帳になります。どちらになるのかは，子どもの状況によって変わると思いますし，必ずしももらえるとは限りません。

　現在，福祉サービスの種類が多くなっています。手帳がなくても，サービスを自己負担で受けることは出来ます。でも，手帳を持つ人が１割負担なのに比べるとかなり高額になりますから，発達障害者手帳を新たに設けて欲しいという声があります。

前 川：発達障害に関しては，制度がまだまだこれからなのですね？

深 川：えぇ，そうですね。

　では，先ほどの続きを説明します。企業は，法定雇用率を達成しない場合には障害者雇用納付金制度によって国にお金を支払わなければなりません。雇用率が今後引き上げられるということは，企業にしてみると障害者を雇用することを国から強く迫られていることになります。

　このように，国が障害者を働き手として認め，奨励

するようになってきた理由の一つは少子高齢化ということが背景にあります。働ける年代の人間がどんどん減っているからです。

　障害を持つ子ども対象の福祉施設である放課後等デイサービスも，女性の雇用に関して貢献しています。放課後等デイサービスは放課後などに子どもを預かってくれるサービスです。障害がある子どもがいたら，福祉サービスがなければ母親は自宅で子どもの世話をしなければなりませんでした。でも，この放課後等デイサービスのおかげで働けるようになりました。ここ数年で放課後等デイサービスが多数開所されて，2つも掛け持ちで行く子どもも多くなりました。障害児だけでなく母親に対しても安心して預けて働けるような措置がとられています。

吉田：私も噂を聞いて利用しようと思っていたところでした。入学したら，長めにパートの時間が取れます。

深川：子どもが障害を持っていたら母親は働けないという時代は，今や過去のものです。

前川：そんなサービスがあるのですね。障害者や女性を雇用するための手立てを色々と整備し始めているのですね。

深川：話を戻しますね。

　当たり前ですが，障害者雇用枠で入社した場合は，業務内容での配慮が受けられます。その場合には正規雇用と比べて賃金が低い場合がありますので，障害者枠の採用に関してはよく調べておく必要があります。

前 川：雇用率が上がるのは，嬉しいですね。でも，どのぐらいの企業が雇用率を達成していますか？

深 川：４割程度です。６割は納付金を納めていることになります。企業側が乗り気になれないのは，障害者を雇用したあとにどのように接してよいかという障害理解が進んでいないからだろうと思います。

吉 田：障害理解ですかー。私の小中学校の頃，学校の授業では殆ど一緒ではなかったですからね。同じ学校にいても顔を見ることがありませんでした。全校集会で見かけても先生が必ず傍にいて見守っている印象しかないですもん。

深 川：私も，そうでした。どう話しかけたらいいか分からなかったですね。今の時代の方が，特別支援学校も小中学校と交流することが年間のカリキュラムにも入っているところもあって，健常児との交流を積極的にしようとしています。

前 川：結局は，将来息子たちを理解してくれる社会の人を増やすには，学校教育時代に交流をたくさんすることがとても大切になってきますね。

深 川：本当にそう。社会を形成するような大きな話ですけど。なかなか，実際に多くの交流は難しいです。そういうことが要因になると思いますが，一般就労で離職の要因の一つが周囲の無理解によるものなのです。

吉 田：息子のためにも理解者を増やさなければならないことが分かりました。

深 川：次は，企業側が改善しなくてはいけない障害理解について
なんですよ。

　ある企業にお勤めの聴覚障害の原田さんは，家庭を
大事にする方です。その職場で小野さんは，親睦を深
めるために色々な企画を練ってレクリエーションの計
画を立てる係です。その日も，ボーリング大会が予定
され多数の参加者がありました。

　でも，原田さんは参加しません。毎回，チラシも配
布したりしているし掲示板にも貼ってあるから知らな
い筈はありませんでした。直接，原田さんを誘うこと
を何度もしましたが参加しません。

　小野さんは，みんなが参加してくれる中で原田さん
が参加しないのは，自分を快く思っていないか無視し
ているのではないかと考えて不満が募っていきました。
原田さんとのコミュニケーション手段は手話が主で，
小野さんは出来ません。いつもは，上司が手話で仕事
内容を伝えていましたが，レクリエーションについて
は，仕事ではないのでタッチしません。とうとう小野
さんは，仕事でも自分が無視されているような気にな
ってしまい，その不満を上司に相談します。上司は，
二人の仲がそこまで険悪になっているのは知りません
でした。

　相談を受けて上司が，原田さんに手話で参加しない
理由を聞いたら，原田さんの奥さんは非常に几帳面な
人で，原田さんの帰宅時間に合わせて夕食を作り待っ

ているのが日課だそうです。

　そして，そのような親睦会に出かけるには，随分前から伝えておかなければ家庭の諸事情により出かけられないという返事が返ってきたそうです。もう少し早く教えてくれたら奥さんの許可を得て出かけることは出来るということでした。そして，原田さんは小野さんがそういうふうに思っていることは全く分からなかったということでした。

　日常的に，そのレクリエーションの話は職員の間で行われているのですが，聴覚障害であるためにそのような雑談は分かりません。また，小野さんが自分のことを無視していると怒っていることも感じていませんでした。言葉を介してのやりとりではないので，意図的に関わらなければ相互理解が難しいのです。一方的な解釈を小野さんは反省しました。上司には，聴覚障害の立場に立って考えていなかったことを反省したと話したそうです。

吉 田：健常者も分かっているようで，分かっていないのですね。

深 川：ええ，そうです。このケースはイジメられていると感じるまでは至らないのですが，一方的な誤解が生んだものです。この原田さんと小野さんは，日頃のコミュニケーション不足が原因です。このようなコミュケーション不足が障害理解を妨げている要因になっていると考えられます。

障害を持つ方々とどのように接したらよいかというのは企業側の努力もあるでしょうし，もう一歩踏み込めば，障害を持っている方々も周囲の人に理解してもらう努力が大事であることを理解すれば，自分の職場が居心地よくなると思います。

前　川：やはり，自己理解は大切ですよね。小野さんは，上司に相談したから解決したけど，そのままだったら職場内でトラブルになりそうですものね。

　　障害が理解されていないのは，今まで接したことがないということなのですね。何だか，切ないです。

　　それがすぐには変わらない社会だとすると，障害への理解がない人にも，息子は可愛がられるようにしなくちゃいけないということですね。

深　川：それから，大企業が障害者だけを雇用してつくった特例子会社もあります。重度障害者にも配慮した会社もあり，業務内容も工夫されています。施設設備も働きやすい環境になるように企業側が努力しているのです。平成28年の調査で448社あり，全国で約1万9000人の方が働いています。

　　インターネットで「特例子会社一覧」と打ち込み「障害者雇用率制度／厚生労働省」を選択すると，サイトが開き「特例子会社制度等の概要」に全国の一覧が表示されています。

前　川：そこでは，重度の方も対象にしている特例子会社があるのですね。重度だからといって，そういうチャンス

がないというのではなく，意欲がある人は働ける場が
あるのは素晴らしいですね。

深 川：都道府県でかなり数の違いがあります。全くない県も
あります。一番数が多いところは東京都です。お二人
は今から調べれば十分な情報が手に入ります。

吉 田：ほんと，そうですよねぇ。親は，子どもの就労場所へ
引っ越すことも選択肢で考えます。私の親戚は島にい
ましたが，島には障害者が働く場所がないというので
家族全員で離島すると話していました。そういうのが
本当に現実なのですね。

深 川：働く場所の数が少ないという現実についてなのですが，
それは一般就労の企業だけではありません。次は福祉
での就労の話をしますね。

② 福祉の就労を希望する場合

前 川：あの，お尋ねするのも恥ずかしいのですが，福祉っていうのは何でしょうか？

深 川：簡単に言えば，福祉の仕事は「子ども，高齢者，障害がある方，生活に困っている方」が幸せによりよく生きるために必要とするサービスを提供する仕事です。福祉サービスは全て無料ではありません。利用者が既定の金額を支払って利用するサービスです。また，それらの方々が抱える課題や悩みを一緒に考え，色々な人や機関と協力しながら専門的なケアを行うことです。その人らしい自立した生活が出来るようなサポートを中心に多岐にわたっています。

前 川：対象者が幅広く，たくさんのサービスがあることは何となく分かりました。吉田さんが利用しようとしている放課後等デイサービスについては，どんなことをするのでしょうか。前に簡単な説明がありましたが……。

深 川：放課後等デイサービスという名称から分かるように，学校の放課後や，土日に利用することが出来る福祉サービスです。福祉なので営利目的ではありません。下校時間に一般的には迎えの車が施設から来ますので，保護者は施設へ送っていくことはしません。そして，契約している子どもが色々な学校から集まってきます。

学校帰りに学童保育に行くような感じです。

　活動内容についてですが，放課後等デイサービスの目的は，生活能力の向上のために必要な訓練，社会との交流の促進，その他となっています。そのため，最近は特色のある放課後等デイサービスが増えてきており，習い事や療育などの目的で複数の施設を掛け持ちで行く子どもが増えてきています。

前 川：うちの子は利用出来るのでしょうか。

深 川：ええ，出来ます。本来は診断書があり障害者手帳がある児童生徒対象ですが，障害者手帳がなくても，専門家などの意見書などを提出してその必要が認められれば，受給者証が市区町村から発行され施設の申し込みが出来ます。費用は，１割負担でサービスを受けられます。

前 川：すみません，その専門家って？

深 川：教育関係者や医療，福祉，行政など，対象の子どもと連携している人です。ですから，前川さんの場合はB小学校で連携出来る方々で，B小学校の特別支援コーディネーターの方に聞けば分かります。

前 川：分かりました。利用出来そうで安心しました。何しろ私は，シングルマザーなもので働かなければ生きていけないし，料金も安く療育もあるというのであれば，こんなに嬉しいことはないです。

深 川：ただし地域によって，放課後等デイサービスの数が少ない場合はすぐに入れない可能性があるようです。

吉　田：その就労と福祉はどのように結び付くのでしょうか。

深　川：就労支援として就労移行支援事業と就労継続支援事業
　　　　があります。

　　　　　就労移行支援は，一般企業への就労が目的で２年間
　　　　スキルアップのために学ぶことが前提です。就労継続
　　　　支援は，就労継続支援Ａ，Ｂ型のような福祉の事業所
　　　　で日中の活動で働きます。

　　　　　福祉の事業所は，１つの建物でいくつものサービス
　　　　を並行して行っている場合もあります。日中活動に関
　　　　する事業所には，就労移行支援と就労継続支援Ａ型，
　　　　就労継続支援Ｂ型，生活介護，自立訓練（通所）等が
　　　　あります。事業所でどの支援をしているのかは，組み
　　　　合わせが違いますので詳細は事業所に確認しないと分
　　　　かりません。

　　　　　そして国が補助金を出して運営している福祉の事業
　　　　所で働くことを福祉就労といいます。

前　川：ええっと，そうすると障害者手帳を持つ人たちは，必
　　　　ずその障害者の方々対象のところで働かなきゃならな
　　　　いのでしょうか？

深　川：いいえ，そんなことはありません。一般企業で働く場
　　　　合に障害の有無をオープンにするかクローズにするか
　　　　どうかは自由です。色々な考え方から，障害者として
　　　　見られたくないと思う方々もいます。福祉の事業所で
　　　　は，障害者の方々の働く力に合わせられるように事業
　　　　所の内容に支援の段階があります。

吉田：じゃあ，Ａ型とＢ型だったらＢ型の方があまり難しくない仕事をするって考えたらいいのかしら？

深川：ええ，Ａ型は事業所と雇用契約を結んで働きます。雇用契約を結んでいるので給料が出ますが，Ｂ型は雇用契約ではありません。Ｂ型は，働いた時間に応じて工賃を貰います。障害福祉サービスの事業所の運営は，事業所を利用した人数の累計で国が補助金を支払う仕組みです。

　厚生労働省の「平成27年度工賃（賃金）月額の実績について」では，Ａ型の給与の平均が月額67,795円で時間額は769円です。Ｂ型が月額15,033円で時間額は193円です。このＢ型の工賃に関しては個人差が大きいのです。Ｂ型の場合は時間給になっているために，体調がすぐれなかったり，事業所へ来てもパニックになったりして作業が出来ない場合は実質労働時間で計算されるため工賃が減らされます。また，その事業所の運営による出来高制でもありますから数千円の場合もあります。

吉田：Ａ型とＢ型では，全然違いますね。

深川：ええ，違います。雇用契約を結び給与として支払われるということですから，Ａ型はある程度働ける方であることが前提です。

前川：これだったら，生活出来ないわね。

吉田：厳しいですね。

深川：個人の能力によって工賃の差が大きいと言えます。

吉 田：就労継続支援Ａ，Ｂ型って，一日をどんなふうに過ごすのでしょうね。学校のような時間割りで動くことはないのでしょう？

深 川：ええ，大まかですが大体朝９時までに到着します。帰りは15時から16時までの間に帰りの身支度を終えてそれぞれの帰路に着きます。もちろん，送迎サービスがあるところもあります。

　　到着してからは，身支度を済ませたあとに朝礼などがありその日の予定の作業についてのお知らせがあったり，簡単な体操があったりなど，その事業所独自の取組があります。

　　作業は，その事業所が請け負った仕事になります。その内容は，事業所を選ぶ段階で体験していればミスマッチングの可能性は減ります。

　　昼食は，家庭から通ってくる人はお弁当持参も出来ます。そうでない人はお弁当注文をします。それは，実費になります。でも，Ｂ型はもともと工賃が少ないために，体調を崩して休みが多くなると，弁当を注文したら赤字になってしまう人もいます。

前 川：そうでしょうね。体が弱かったら工賃も大きく下がってしまうでしょう。健康は大事ですね。

深 川：ええ，そうです。工賃の金額は，個々の能力に関わることですから。でも，どんなに知的障害が重い方でも黙々と働いて作業が出来る人がいます。その姿を見ると学校の評価って何か違うと思います。

前 川：今の時代は，そういう能力を見極めてくれる人が欲しいですね。

深 川：そうなれば，特別支援学級で学ぶ子どもが変わるかもしれないですね。

前 川：全くです。

吉 田：では，聞くのに勇気がいるのですが，障害を持っている人は親が死んだあとはどうなるのですか。

深 川：それは，無拠出制年金といって，保険料を支払わずにもらえる年金があります。生まれながらに障害がある人や20歳未満の障害者は障害基礎年金が出ます。

吉 田：いくらぐらいですか。

深 川：障害者等級で違います。１級と２級と２種類あります。１級は他人のサポートを受けなければ，日常の生活が殆ど出来ないような重度の障害の程度です。前川さんや吉田さんのお子さんは違いますね。

吉 田：はい。

前 川：そうですね。

深 川：ええ，２級は他人の助けを必要とするときがあったり，自分ひとりでは日常の生活がとても困難だったり，働いて収入を得ることが出来ない状態です。

吉 田：息子は，そうなる可能性があるかもしれません。

前 川：うちの子は，それも当てはまらないと思うわ。

深 川：年金の金額は，２級は77万9300円で１級はその約1.25倍の97万4125円です（平成29年現在の金額）。障害基礎年金以外にもいくつかの手当があります。特別児童

扶養手当，障害児福祉手当などです。また，住んでいる地域で手当を出している場合があります。

前 川：これでは，生活出来ないでしょうね。

吉 田：本当に，どうしたらいいのでしょうか？

深 川：いいえ，そんなに心配はしなくても大丈夫です。例えば，障害者の住居であるグループホームに入居すれば，その費用と諸費用を合わせて収入から引いた金額は，数万円の黒字になるように料金設定がなされています。障害基礎年金の他にある，国や地方の助成金が入りますので，黒字になるのです。

前 川：まぁ，それは驚きました。そして，就労継続支援Ｂ型の工賃，またはＡ型の給与が収入として入れば普通に暮らすことは可能ですね。

深 川：そうです。国は，障害を持つ人に対して親なきあとまで生きていけるような制度をつくっています。でも，申請しなければ貰えませんので，詳細は市町村役場などに申請の仕方を問い合わせて下さい。それと，病気やケガに備えて保険に入っておく方がいいですよ。

吉 田：親なきあとは生活出来ないと思いましたが，最後まで聞いてホッとしました。ところで，そのグループホームって，一般的なシェアハウスのような共同生活をするような感じですか？

深 川：一般のシェアハウスとは違って，グループホームは共同生活援助という障害者の方が対象の障害福祉サービスの一つです。地域で共同生活を営むのに支障のない

障害者に，主に夜間において，共同生活の住居で相談，入浴，排せつ，食事の介護その他の日常生活上の援助を行っています。

　そして，重度ではない方への日中の支援としては，グループホームを出て一般企業へ出社，または福祉の事業所へ通所することになります。福祉事業所へ行って，自分に合った福祉サービスの内容で一日を過ごし，グループホームへ戻ります。様々な福祉サービスから，就労継続支援Ｂ型やＡ型や生活介護などを保護者と選びます。それぞれの障害の特性に応じて支援の内容を選んでいるのです。この障害基礎年金や福祉制度のお話は，吉田さんにとってはとてもホッとされることと思います。

　でも，言いにくいのですが，実は親なきあとが厳しいのは前川さんの方なのです。吉田さんは，障害基礎年金や助成金，福祉サービスの制度を利用して，グループホームなどの施設に入ることが出来れば，「生きる」ことの心配はほぼないと言えます。でも，前川さんの場合は障害の診断も手帳もありませんので，就労出来なければお金が入ってきません。

前 川：あぁ，そうか！　そうなりますね。

　そして，一般就労でなければ到底暮らしていけない……親なきあとは，死んでしまうか生活保護を受給するかですね。障害者ではないということは，相当に厳しい現実がありますね。

深川：はい……私は，とても，深刻な状況だと思っています。もう少し説明しますと，障害者手帳は18歳を過ぎて学校を卒業してしまったら，申請するのがとても面倒なことになります。

前川：どういうことですか？

深川：在学期間中に障害の状態を学校側に確認することが出来るからです。障害として認定するには，その困難さが証明されなければなりません。それが，特別支援の対象者であったり，福祉サービスを受けていたりするとその記録が残りますから証明がしやすいのです。例えば前川さんの息子さんであれば，特別支援コーディネーターを通じて入学前に事前の相談をすると，学校側に記録が残ります。

　どのような相談であったのか，その後，支援の必要性を学校側が感じれば中学校や高校，大学への進学の際に，次の段階へ持っていける「個別の教育支援計画」も作成されるでしょう。そうすれば，小学校における特別支援の対象者であったことは証明されます。前川さんが，福祉サービスの放課後等デイサービスも利用すればその困難さが認められます。

前川：息子を障害があるとは思いたくありませんが，障害と認定されれば生きてはいけるのですから，何とも複雑極まりないです。

深川：手帳に関しては，懸念していることがあります。発達障害の場合は，知的障害がなければ知的障害者対象の

療育手帳の取得は出来ません。その場合は，精神障害者福祉手帳への申請ということになります。現在は，発達障害の手帳がないので療育手帳か精神障害者福祉手帳かということになります。

前 川：発達障害という言葉も，私たちの学校時代は全然聞かなかったですね。

深 川：でも，前川さんは，その事実を早く知ることが出来ましたから，手立てを考えられる12年間という時間があります。『一生涯を生き抜く力』を身に付けていけばいいじゃないですか。というか，今やれることは，それでしょう。

前 川：そうですね。そうでした！　前向きに考えます。今，知ることが出来たことで息子を幸せに出来るのですから。精一杯，頑張りますよ。

吉 田：ええ，そうですよ。前向きですよ。前向き!!

深 川：ええっと，福祉就労の続きです。軽度の障害者の中には一般就労を目指す方もいます。そのための障害福祉サービスが就労移行支援です。就労移行支援の内容は，一般就労をするための職場実習を実際に企業の現場に入って行う事業所です。例えば，パンやクッキーなどの生産や販売などもありますし，企業に出向き清掃作業などもあります。その地域の企業との連携によって変わります。

　　　雇用契約はありませんし，工賃もありません。タダ働きです。期間が決められており2年間で学ぶことに

なっています。しかし，理由によっては若干の期間の
延長は可能です。

吉 田：その就労移行支援で，上手くいった場合といかなかっ
た場合を教えて下さい。

深 川：一般的に言えば，特別支援学校卒業後に一般就労する
よりは，就労移行支援で，先に話したような職場体験
以外にビジネスマナーやパソコンスキル，体調や投薬
などの健康管理，面接指導，グループワークなど，就
労に向けてのスキルを学ぶことも「あり」だと思いま
す。もちろん，離職した障害がある大人もハローワー
クからの紹介などで利用しています。実習先の企業も，
そのまま障害者雇用枠で入社してもらえば障害者雇用
率を達成することも出来るので，お互いにメリットは
あります。そのように，実習内容が本人に適していれ
ばそのまま雇用されることもありますし，似たような
職種の企業の採用試験を受けることも出来ます。これ
が，上手くいった場合です。

　次に上手くいかなかった場合です。これは，学校と
保護者と本人が事前に制度を理解しておらず，施設利
用能力の判断を誤った場合です。そのため一般企業な
どの実習に耐えることが出来ず，就労移行支援をやめ
ることになります。

　就労移行支援に行って一般就労ができなかった場合
は，就労継続支援Ａ型かＢ型へ変更します。そして，
どちらかで過ごすことになります。

挫折を繰り返すと自分に自信を失い，働く意欲そのものが減退してしまうので，その後に大きく影響します。そういう人は，その後に引きこもりになるパターンが多いのです。聖徳大学の高野さんの研究で「知的障害者のひきこもり状態の実態と課題」(2015) では，就労継続支援施設Ｂ型と生活介護を利用している知的障害を持つ人のアンケート調査で，引きこもり状態になったきっかけで多かった理由は「生活介護・就労支援サービスに馴染めなかった」「家族の質」「病気」としています。また，知的障害者の方のニーズに応じたサービスを提供することの難しさが推測されるとしています。

吉田:考えちゃうわね。３つとも，どれも衝撃的。その３つのうちの原因の一つが事業所のサービスということは，真剣に考えないと……。息子に合った事業所は，どうやって選んだらいいのですか？

深川:吉田さん，今から，12年間の時間があります。焦らなくていいですよ。まずは，その気持ちが大事なのですから。

　今，一般就労と福祉就労の２つについて話しました。どちらを選択するにしても，とても大切なことがあります。次は，その話をしますね。

深 川：私たちの仕事では，子どもが就労することが大きな目
　　　的のように思いますが，実は，それだけを目指したら
　　　失敗します。

前 川：えぇっ。どういうことですか？

深 川：「継続」させることを目指さなければいけません。就
　　　労したら，自主的に継続出来なければ意味がありませ
　　　ん。先ほど，離職を繰り返す話をしました。その後の
　　　引きこもりについても少し話しました。これは，現実
　　　的にとても怖い状態です。
　　　　学校時代で，就労後に自主的に継続出来る力を身に
　　　付けさせることが，非常に重要になります。

吉 田：離職を繰り返し挫折した人は，どうなるのですか？

深 川：事業所に馴染めなかった人と同じく引きこもりです。
　　　その状態になったら，救うことは至難の業です。どれ
　　　ほど難しいかを，福祉の担当者に聞いたことがありま
　　　す。一旦，部屋に引きこもってしまうと家族も本人に
　　　家の中で会うことも難しくなります。家族が話しかけ
　　　ても部屋から出ず，応答すらないのです。そこから，
　　　就労意欲を持たせるまでの道のりは，とても長くなり
　　　ます。精神的にうつ病を発症する場合も少なくありま
　　　せん。

でも，まだ福祉につながっていることだけでもいい としないといけないのだと福祉の職員に言われました。 福祉にもつながっていない場合には，助けようがあり ません。特に発達障害傾向が強い学生で，何とか大学 まで進学してきたもののいざ就職活動をすると，入社 試験に全て落ちてしまう。そしてそのまま，就労出来 ずに家庭で引きこもりになってしまう。成績は問題が ないため，対人関係が上手く築けない困難さを教師が 指摘しても，そのうちに何とかなるさと保護者は思い がちで，理解がなかなか得られにくいのです。そして ますます，外に出ることは出来なくなります。

　そのような状態では，会社の１次試験に合格しても ２次の面接で落とされます。それに合格しても，入社 して半年経たずに辞めることになります。原因は対人 関係を上手く構築する力がないからです。家族は，そ のような困難さがあるとは全く予想していませんから， 就労出来ない子どもに対してついつい責める口調にな り，そのため部屋から出られなくなります。

 前 川：まさに負のスパイラルですね。

 深 川：継続する力というのは，学力ではないことが分かりま す。成績優秀であっても，コミュニケーション能力が なければ生きてはいけません。

　ある会社での話です。有名な難関大学を卒業してき た新入社員の小柳さんは，大変成績優秀だという話で 入社してきて将来を期待されていたそうです。しかし，

その会社での大事な業務の一つである客の対応が全く柔軟に出来ず使い物にならないのです。

前 川：うわぁ，それは酷いですね。学校教育では，成績優秀な人間を育て上げた最高の結果で満足でしょうけど，社会ではその力を活かすことが出来ず他の社員の足を引っ張ったなんてね。

吉 田：ほんとねー。有名な難関大学まで卒業しているのにね。それで，その後は，小柳さんはどうなったのですか？離職ですか？

深 川：だんだん出社出来なくなったそうです。そして半年後，精神科へ入院しました。その３カ月後，病院で自殺したのです。山登りと釣りが好きな，母親の誕生日にはプレゼントを忘れずに送る母親思いの優しい青年だったそうです。

前 川：絶句です……。

　　　深川先生の今のお話で，生きていくのに大事なことは，対人関係をつくる力だと分かりました。もしかすると小柳さんの個性を受け入れてくれる会社だったら死ななかったかもしれませんね。

深 川：ええ。そうだと思います。

前 川：対人関係づくりが苦手な息子には，まず穏やかに話すことや聞くことが出来るようになることが大切なことですね。私の会社に，息子のような同僚が来て面倒を見なければならなかったら絶対に仕事にならないですよ。ホント。

そう考えると，親の子育ての責任でもありますね。
学校だけの責任として捉えずに，息子の将来のために
どのような力を身に付けて欲しいかを学校にお願いし
たり，学校外での体験も取り入れたり出来る親であり
たいと思います。

深川：是非，将来像をハッキリと持って学校と話し合いをし
て下さい。

前川：分かりました，息子には学力も大事ですけど，今の話
を聞くと……。

　　とにかく，18歳までに感情のコントロールを身に付
けさせていくことが大切だと肝に銘じます。それと，
得意な分野で就労することだと思いました。好きなこ
とや得意なことで出来ることだったら，仕事も長続き
しそうです。

深川：その小柳さんは，大学卒業までの間に懸命に努力して
掴んだ優秀な成績を，社会で活かすためにどんな力が
必要かを学ばなかったのでしょう。学校教育では通用
したものだから，社会でも通用すると残念ながら錯覚
したのです。

吉田：そうですね。

　　息子は障害がありますが，それなりに社会のことを
きちんと知っておくこと，社会の常識を身に付けてお
くこと，自己発信出来ることが息子の持つ能力を活か
し，自分らしい人生を生きるためにとても大切なのだ
と思いました。それは，障害の軽重に関係なく。

深川：障害学生数は平成27年度，前年度より約7000人増えています。私たち教師は，大学に進学する学生も，特別支援学校に進学する生徒も，中学校卒で家庭の事情で就労する生徒も，不登校の児童生徒も，一人残らず本当に大事です。日本の全ての教師が，何を願うか。学校教育で学んだあと社会に出て幸せに生きて欲しい。悲劇を一つでも減らしたいのです。

吉田：深川先生……。

前川：深川先生！　このことを多くの保護者に知ってもらわなくては。

深川：ええ……。いろんな事例を見てきたものでその当時の思いに囚われてしまいます。

前川：私は，B小学校で悩んでいるママ友に伝えます。前進しましょう。

吉田：そうですよ。前進です！……そうだとすると我が子の場合は，今の年齢では「ありがとうございます」「すみませんでした」「はい」「お願いします」「教えて下さい」「分かりました」というようなやりとりの言葉がスムーズに出ることじゃないですかね？　それと，年齢に応じて人から嫌われない程度の生活のスキルも大事ですね。

　　学校の授業では，「何故清潔にするのか」とか「公衆の前でのマナー」とか。そういうことを特別支援学級で身に付ける時間にして欲しいなぁと思いました。もちろん家庭でも足並みを揃えてやりますよ。

前 川：家庭は，学んだことを定着させる場ですもんね。頑張らないと。

吉 田：その積み上げを，将来は，職場で発揮出来るかどうかは，今から12年間で教え込んでいけば可能だと思うし，特別支援学級の先生に，いろんな友達の中でそういうことが出来るかどうかを見て下さいとお願いするわ。もちろん，交流学級の先生にもね。

深 川：あ，あのー。ひまわり学級の担任は私ですけど。

吉 田：あれ，あら，そうでした。ははははは。

深 川：どの程度集団に適応出来るのかは，授業で個別学習優先であれば全く見えないし，分からないでしょうね。そして，大人とマンツーマンでやればそこそこ対人関係は出来るから教師は安心，保護者も安心。これが，実は，特別支援教育の大きな落とし穴なのです。気を付けて下さい。

前 川：それから……，息子に対して無理解な職場ではなく，障害に理解ある職場や職員がいるところを探すことが長続きの秘訣かなと。小柳さんの職場は理解ある同僚がいなかったようですものね。でも，それをどうやって見抜いていけばいいかということになりますね。

深 川：就労の「継続」には，いろんな要因が絡み合っています。お二人の言葉の内容も含めながら，次は「継続」するための仕事と本人のよりよいマッチングの話をしましょう。

COLUMN
西川先生の キャリア教育入門

モデル崩壊

　私もそうですが，これを読んでいるみなさまにも「中卒より高卒，高卒より大卒。同じ高校，大学だったら，偏差値が高い学校に入学出来れば幸せになれる」というモデルはありませんか？

　それほど単純でないことは分かっていても，概ね正しいと思っていませんか？

　少なくとも私の頭の中はそうでした。そして，それと同じ枠組みで，特別支援を受けている子どもを育てていないでしょうか？

　しかし，今の時代，健常児でもそれは正しくありません。そして，特別支援を受けている子どもはもっと注意すべきなのです。本当に子どもの幸せを考えるならば，どのようなところに就職すべきなのか，時間をかけて決めなければなりません。過てば，最悪な結果を引き起こす可能性があります。

　次章ではそれを考えましょう。

就労の
マニュアル

第3章

マッチングの仕方

　この第3章で，みなさんが驚かれるであろうことの一つに，特別支援を受けている子どもには就労のマニュアルは何もないということがあります。

　今までの偏差値教育のモデルで考えていた数値化されたようなものは，一切ありません。ないというよりも，特別支援の子どものモデルケースをつくること自体が無理なのです。ですから，特別支援教育の雑誌，書籍などのモデルケースを参考にしても，我が子にぴったりと当てはまることはありません。何故なら，特別支援の必要な子どもこそ定型発達の枠外にいるわけですから，いくつかのモデルに当てはまるなんてことが，簡単に出来るわけがありません。

　マニュアルがないことを保護者も教師も受け入れて，その子どもオンリーワン・その子だけのサクセスストーリーをつくる覚悟を保護者が決めれば道は開けます。

　そのための第3章です。

① 意識を持つこと

深川：ここに，地域障害者職業センターから出ている「職業準備支援のご案内〜企業等で働くこと，働き続けることを目的とした支援〜」というパンフレットがあります。これは，一旦離職してしまった成人の障害者へ，次に就職するための準備支援を簡単にまとめてあるものです。離職した方々への支援とはどのようなものかに興味を持ち，見つけたものです。パンフレットには，大きく２つの項目があり，１つ目は「作業支援」，２つ目は「講座」です。

まず，「作業支援」の目標では「さまざまな作業を通して自分に合った働き方を見つける」としています。２つ目の「講座」の目標では，「求職活動に役立つ知識を身につける」とあります。その知識とは，「履歴書の書き方」「面接の受け方」「職場体験実習」の講座などで，「ロールプレイ」「グループミーティング」等を通してコミュニケーション方法を身につけるとありました。

前川：これは，学校の教科で勉強するようなことではないですね。たしかに履歴書の書き方は，学校では教えないことですね。

吉田：でも，コミュニケーション方法の「グループミーティ

ング」などは学校でやろうと思えば出来ますね？　深
川先生。

深　川：ええ，それは簡単ですよ。特別支援学級では，少人数
で練習なども出来ますし，少し活発に出来るような状
態になれば交流学級へお願いして色々な話し合い活動
に入れてもらうようにすればいいのですから。どのよ
うな子どもでも，場数を踏めば場慣れします。

　　　　場面緘黙の子どもは，私の体験で言えば教師の傍よ
りも心許せる仲間の方が声を出しやすいと思います。
だから，近くにはあまり寄らずにいました。ただし，
子どもによって，どのような環境設定がいいかは違う
ことは忘れてはいけません。

吉　田：じゃあ，「作業支援」はどうでしょうか。「自分に合っ
た働き方を見つける」となっていますが，その前に，
初めての就労であればまず自分に合った職業を選ぶこ
とが先決ですね？　その後に，自分に合った働き方を
マスターすることになりそうですが。

深　川：ええ，そう思います。どのような職業が適しているの
かということがある程度はっきりすること，それが学
校教育期間でとても重要なことになります。ある親の
会の取組では，「ぷれジョブ」という活動に参加して
子どもに適している職を見つけようとしていました。

吉　田：「ぷれジョブ」ですか？　初めて聞きました。

深　川：はい，「全国ぷれジョブ連絡協議会」（代表：西幸代）
という任意団体があります。

その「ぷれジョブ」は，特別な支援の必要な子どもが地域で就労体験が出来る活動を通じて，障害の有無にかかわらず共に助け合うことの出来る地域社会を創ることを目的にしています。

　地域の人が無償でボランティアのサポーターとなり，毎週１回１時間，体験を引き受ける地域の企業で就労体験を半年間続け，さらに別の企業で行うということを繰り返します。定例会を開き，その様子を報告します。対象となる子どもは，小学５年生から高校３年生までです。

吉 田：全国にあるのですか？

深 川：ええ，23の都道府県で実施されています。「ぷれジョブ」に興味がある場合は，「全国ぷれジョブ連絡協議会」をネットで調べて申し込むことが可能です。

　その親の会では，小学校高学年で体験させることを重要視しています。職場に関しては，能力的に出来そうなことを選んで色々と替えているそうです。

前 川：小学校高学年ですか。５年生ですよね。早いですね。

深 川：早くはありません。「ぷれジョブ」の目的は，重度から軽度の子どもまで，子どもの居場所を地域につくることです。直接，地域の方と触れ合って理解してもらうことで居場所が出来ます。それと並行して働く力がありそうな子どもは，出来そうな職種選びをじっくり考えて見ていくので「早期から」なのです。地域のボランティアのサポーターが活動を見守るので，基本的

に保護者は職場へ行きません。半年間，親は活動の様子を子どもからや会の報告で聞くだけです。

吉田：参加させるのには，子どもも親も勇気がいりそうですね。近くにいたら，ついつい，私なんかは手を出しちゃうのよね。これって，他の人に指摘されるまで気が付かなかったりする。分かる，分かる。

深川：その会員の話し合いの様子を聞かせてもらっていたのですが，体験を重ねるうちに保護者のみなさんが驚くことがあると言われます。自分の子どものことって，自分が一番分かっているつもりだったけど，分かっていなかったって。

前川：それは，もしかすると親だけの思い込みなどで分かっていないことはあるかもしれませんね。

深川：そうです。自分が「出来る」と思っていたことが出来なかったり，「出来ない」と思っていたことが出来たりすると言うそうです。仕事をさせることで，学校では見えなかった能力を見つけることが出来るとも話していました。そして，地域に出て多くの人々と触れ合うことで子どもは育ち居場所が出来ます。

吉田：子どもの能力を早期から地域で育てようという意識は見習いたいです。それに，障害について知らない人が障害を持っている子どもと直接触れ合えば，親以外の子どもの理解者となってもらえますものね。

② 思い込みは怖い

 深 川：意識の違いもですが，学校の教員として私は大変驚い
たことがありました。まさに「早期で職場体験をしな
ければ分からない」と感じたことです。自分の思い込
みは怖いと思いました。

吉 田：どんなことですか？

 深 川：「ぷれジョブ」で小学校５年生の男の子が仕事をして
いるビデオの映像を見ながら，会員が話し合っていま
した。

> 「無理よね。やっぱり」
> 「そうねー。このまま大きくなったらまずいよね」
> 「まずいね」

　私は，その映像を見ても何がまずいのかさっぱり分
かりませんでした。男の子は，見守っているサポータ
ーに対して機嫌よく作業も出来ています。仕上がった
仕事を見せて「出来たよ」と言いながらやっているの
です。さぼっているわけでも，出来ないわけでもあり
ません。

> 「一般就労は，このままじゃ無理だわ」

> 「そのこと，早めにお家の人に言ってあげなきゃ
> ね」
> 「そうね。こういうことは，ちゃんと教えてあげ
> ないと気が付かないものだから」
> 「そうね，また次回の職場体験で来るから話して
> おいてあげなきゃね」

ますます，「？」マークが頭の中に飛びます。

吉 田：えぇ？　何故なんですか。私もきっと全然分からない
　　　　と思います。

前 川：落ち着かないからかな？

深 川：いいえ，違います。あとから教えてもらったのですが，
　　　　この男の子の家庭は農家で近隣の親戚と一緒に農業を
　　　　しているそうです。だから，この男の子の話し相手は
　　　　家族だけでなく，誰かがいつも家にいる状態なのです。
　　　　お喋りも上手で，愛されキャラです。

前 川：それだったら職場でも愛されるのではないですか？

深 川：でも，信じられませんが問題はそこにありました。お
　　　　喋りが止まらないのです。そして，承認欲求が非常に
　　　　強いのです。誰かが傍らにいて，作業が1つ出来るた
　　　　びに出来た仕事を褒めてもらったり，声をかけてもら
　　　　ったりしなければ，続けて作業が出来ません。
　　　　　当然，一人では出来ません。

前 川：えぇーっ。驚きますね。

それは，とても重要なことですね。その様子だった
　　ら学校では愛されキャラで問題なく通ってしまいます。

深 川：はい。別に不器用でもなく，作業が出来ないわけでも
　　ないのです。でも，全員の見解は，このままでは一般
　　就労は無理ということなのです。

前 川：その子の保護者はビックリしたでしょうね。

深 川：まさにです。その子の長所と思っていたことが，就労
　　には障害であることを知ったのですから。

吉 田：それを早期に見つけて教えてもらえるなら，私は今す
　　ぐにでもそういう「ぷれジョブ」の会に入りたいです。

深 川：吉田さんがそう思う気持ち，よく分かりますよ。教師
　　は，そこまで見つけることが出来るかどうかと言われ
　　たら，私は自信がありません。やってみなければ見え
　　ないことですから。

　　学校と職場では違います。職場での行動をじっくり
　　見て観察することは，学校では難しいことです。

前 川：やってみたからこそ，分かることですね。そして，そ
　　れを包み隠さず親に伝えてくれるところが何とも羨ま
　　しいです。学校での作業は大体出来るからって「大丈
　　夫」だという言葉でごまかさないで，子どもの特性の
　　部分を見つけて，現段階での可能性としては「一般就
　　労は無理」とハッキリ言ってくれる。

深 川：教師は，そこまでハッキリと言えません。

　　ところが，「ぷれジョブ」の会員だけではなく，親
　　の会の保護者の方々は，それをハッキリ伝えないとど

んなことが起こるかが身にしみているので，ハッキリ言えます。そして，言われた保護者も自分と同じ立場で，且つ，経験豊富な保護者の言葉なので受け止められるのだと思います。

吉田：ええ，保育士の先生方もそうでしたよ。先生たちが10困ることがあったら，1か2ぐらいしか遠慮して言わなかったわねー。よっぽど，信頼関係がないと言わないような気がするわ。まあ，10言われても困るけど。ハッキリと言われることは，保護者にとって悪いことばかりではないし，次への気持ちの切り替えになりますから，私は受け入れる方ですけどね。

前川：私は，保育士さんに言われてばかりだったから苦しかったわ。でも，将来が関わっていると思えば「救ってもらって有り難い」と思えるようになれると思います。
　ハッキリと「ぷれジョブ」の会の人に言われてショックで泣いても，その人たちに相談をして，就労について教えてもらいながら前向きに考えていけそうです。そして，何が問題なのかが分かれば，今なら修正がききます，学校の教育の中でも手立てが考えられるかもしれません。

深川：そうです。まず，現時点で，何が問題になりそうなことなのかを見つけることが大事です。果たして公立小中学校で，この「ぷれジョブ」のレベルで就労問題を語れる教師がどれぐらいいるのかを私はとても考えてしまいました。

先のパンフレットの件でも学力に関することは何も
ないのです。教科教育で，九九や小数や漢字や国語の
読み取りや英語が「出来ない」ということを言える教
師は溢れていますが，今の学びが将来の就労の力とな
る可能性について語れる教師が学校に一人でもいるの
かどうか，実は稀じゃないかと恐怖感に襲われました。

吉　田：あの新入社員の小柳さんは真面目な人だったのでしょ
うね。必死で勉強して大学に行って，優秀な成績で卒
業して。でも，それだけでは，生きていけなかった。
卒業してから必要な能力は何かを彼に教えてくれる教
師は誰もいなかったのでしょうか？

深　川：学力重視の教師にとっては，目に見えるものは学力評
価の数字でしょう。それが最優先ならば，トラブルさ
えなければ対人関係については見なくてもいい話です。

前　川：そうですね。小柳さんはすでに成人しているわけで，
不器用でデリケートで稀な存在だったと言い切ってし
まえばそれで終わりですよね。教師の責任は，生きて
いく力を学ばせることなのか，それとも学力を出来る
だけ向上させることなのか。

深　川：小柳さんのような人は小中高で対人関係が結べず孤立
していたのかもしれません。先生方は心配して手立て
を打っていたと思います。もしかしたら小柳さんは，
勉強が出来ることや成績を伸ばすことによってクラス
の中でのポジションを確保しようとしていたかもしれ
ません。そして，何よりも小柳さんが不登校にならな

いように個別対応して守っていたと思います。

吉 田：それは考えられますね。

深 川：たしかにそれで学校時代は守れるかもしれません。しかし，学校を卒業したあとのことを考えていない。キツい表現かもしれませんが，自分が担当している時間だけは問題を起こさないようにしていたのです。しかし，そのために卒業後に重篤な問題を引き起こした。恐らく，小柳さんを教えた先生の中には，小柳さんが自殺したことを知らない人もいるでしょう。そして，小柳さんが自殺した原因の一端が自分であるかもしれないことを自覚している人は，殆どいないと思います。何故なら，自分が担当していたときは，学校に通学し，テストの点数は良かったのですから。

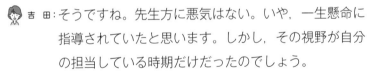吉 田：そうですね。先生方に悪気はない。いや，一生懸命に指導されていたと思います。しかし，その視野が自分の担当している時期だけだったのでしょう。

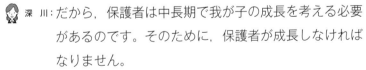深 川：だから，保護者は中長期で我が子の成長を考える必要があるのです。そのために，保護者が成長しなければなりません。

「ぷれジョブ」の会員だって，最初から色々と分かっていたわけではなく，経験を積んでいく中で分かるようになった筈なのです。そうすると，保護者も子どもを中心にして将来を見据えて，他の保護者と話し合う中で成長しなければなりません。

③ マッチング

深川：特別支援学校の保護者の方でも，多くの方が悩まれる問題ですが，福祉就労で事業所を選ぶのは一体どうしたらいいのかということが，分かりづらいようです。書店に行っても，選ぶ基準が分かるような本はあまりありません。ネットではちょっと探せば，障害者雇用に関しての優良企業や優良事業所などは見つけることは可能です。それぞれの福祉の事業所の紹介もネットで比較することは出来ますよ。

吉田：今は，良い時代ですね。そうやって，情報が手に入りやすいわけですから。助かります。

深川：では，その情報で何を比較して決めたらいいでしょうか？

前川：そうですね。まず，通勤距離でしょうか？

深川：ええ，通勤に関しては見過ごされやすい点ですので要注意です。基本的には，自力通勤出来ることがベストです。

吉田：それは，何故でしょうか？

深川：保護者が年齢的に若く元気な場合は送迎可能なので，子どもに自力通勤を考えにくいのです。

しかし，万が一保護者に何かあった場合や高齢になった場合は，送迎が出来なくなれば誰かに頼る必要が

出てきます。初めから通勤は，自力通勤を考えることが一番いいのです。複雑な乗り換えなどがない方がいいです。そうすると，自力通勤で通える事業所はどれぐらいあるのかという点で，候補が絞られてくる筈です。

前 川：そうですね。そういう決め方になってきますね。物理的に自宅から遠いところは，いくら条件が良くても現実的ではないですね。

深 川：その時点で，実は福祉の事業所がかなり絞られます。もちろん，特別支援学校高等部では，職場体験がありますからそこでも地域の福祉の事業所に関しては紹介してもらえると思います。

　　　　特別支援学校にもよりますが，福祉事業所の合同説明会なども学校内で行われるようになりましたので，直接事業所の職員に尋ねる機会もあります。

前 川：その情報は，特別支援学級でも分かりますか？

深 川：申し訳ないですが，保護者が何もしなければ分かりません。事前に担任の先生にお願いすると，学校に情報が来ていれば伝えてくれるでしょう。通常は，特別支援学級にまで情報がいくことはないことが多く，最悪，中学校までに将来のことを考える機会を持てない保護者もいるかもしれません。

前 川：言い換えれば，情報をどうやって手に入れるかは，保護者の熱意次第なのですねー。

深 川：申し訳ないですが，現状は熱意が必要です。

吉田：では，その事業所の職員の説明の内容は，どのようなことを聞けばいいですか？

深川：事業所選びを体験している保護者に聞くと，福祉の事業所も多くの利用者が来てくれる方がいいので聞こえの良い説明をするかもしれません。

吉田：福祉の事業所を利用する人が，何故多い方がいいのですか？　多いと大変じゃないのですか？

深川：福祉の事業所は，国から助成金が出ています。上限はありますが利用する人数で助成金が上下します。ですから，人数を確保することは施設にとって重要なことです。来て欲しいために，実際とは違うことも話している場合もあるので，確実に自分の目で確認することが大切です。

　　　自分の目で確かめて，同じ質問を他の職員にもして確認してみましょう。同じ返事が返ってくるかどうかです。

吉田：聞いて見て確かめてと，保護者は受け身ではいけないですね。行動しなければ。

深川：そうです。何事も面倒くさがってはいけないのです。大事な我が子の将来なのですから，最初の事業所選びで失敗のリスクは避けたいですよね。離職のリスクで大きいのは引きこもりですから。そして，それを避ける道は，福祉の事業所で実際に本人が働いてみた様子を見ているか否かなのです。

吉田：それは，何を見て決めるのでしょうか。

深 川：例えば，その事業所の職員がとても優しくて，頼めばすぐにやってくれたり，仕事で要求されたことをしたくない場合にしなかったりしても強く言わないような職員だったらどうなると思いますか。

前 川：居心地が良くて離職が少ないのではないですか？　少し，甘えが出ちゃうかな。でも，引きこもることにはならないでしょうね。

深 川：その一面はあると思います。でも，他の面では驚きます。それはですね，特別支援学校で出来るようになったことが，出来なくなってしまいます。笑い話のようですが，ある保護者が言っていました。緩い職場だと「箸の持ち方まで忘れる」って。

吉 田：そんな，学校と違うということは分かっているけれども，身に付いたことが出来なくなっていくのを見るのはきっと耐えられない。

深 川：そうでしょうね。そう思うのであれば，少し厳しい雰囲気がある福祉の事業所を選ぶ実習をしてみることです。どちらが入所後の生活として理想に近いところかを，我が子の様子で判断するしかありません。

　福祉の事業所というのは基本的に安心して過ごせる場所の提供です。学校のように目標を掲げて育てる場所ではありません。だから，緩いままでも何も事業所として問題はありません。

　施設の設備よりも職員がどのような方々なのかが大事になります。先の事例で，仕事ではなく同僚の理解

で失敗したレクリエーション担当の小野さんや，新入社員の小柳さんの例がありますからね。しかし，それは言葉では言い表すことはなかなか難しいですし，感覚の問題ですから。我が子をどの事業所に入れたらよいかは，今のところ雰囲気で感じるとしか言えないのです。そこに決めようかどうしようかと思っているなら何度でも足を運び，朝と昼と帰りにそれぞれの気になる場面で我が子がどういう様子で過ごしているのかを徹底的に見て決めるしかありません。

前 川：本やネットではない情報が，そこまで大事だとは。言われるまで気が付きませんでした。そういうことをしない人もいるのですね。

深 川：今の保護者の方々は，障害福祉サービスがあって当たり前でやってきていますので，ないことは考えられないのです。だから，危機感もなく親の会に入会しないので，会員数が減って統合する支部が出てきています。障害を持っている子どもの数は増えているのにもかかわらず，会員数が減っているのです。

吉 田：そうなると，大事な情報が流れてこなくなるわけですね。

深 川：そのような保護者は，年齢制限があり18歳までしか放課後等デイサービスが使えないことを知りません。夫婦どちらかが，事業所から帰ってくる子どもを家庭で出迎える時間の都合がつかなければ職を辞することも可能性としてはあるのです。

福祉の事業所は，保護者が仕事帰りに迎えに来るまで預かる見守りまではしてくれません。本人が家庭に戻る時間は，４時ぐらいになります。それを聞いて「何とかしてくれ，困る」と困惑する人がいます。そして，「それを教えてくれないのが悪い」と怒ります。でも，制度に関しては，情報として与えてもらえるものではないということを肝に銘じていた方がいいですよ。今，制度の情報を求めようとする保護者自体が少ないのです。

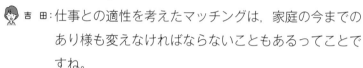吉 田：仕事との適性を考えたマッチングは，家庭の今までのあり様も変えなければならないこともあるってことですね。

深 川：そうです。次は，そのことを話しますね。

キャリア教育入門
COLUMN
国と社会が求めていること2

　これまでの話の流れから，今まで疑問にも思わなかったことが次々と覆されているのではないでしょうか？

　私が，初めて特別支援学級を担任した時に，受け持った子どもは実に様々な障害名を持っていました。しかし，障害名はみんな違うけれども，みんなが子どもらしい子どもでした。たしかに障害特性はあります。でも，一緒に過ごしていると通常学級の子どもと何が違うのだろうと思うようになりました。その感覚は，その時から変わりません。

　学校教育では，学力の差が2学年以上になれば特別支援学級の対象と言われます。企業も事業所も，学校時代の成績表を見ることは皆無です。社会は，何を教育に求めているのでしょうか？　国が国民に求めているのは，地域共生社会の実現です。

　『子供・高齢者・障害者など全ての人々が地域，暮らし，生きがいを共に創り，高め合うことができる「地域共生社会」を実現する。このため，支え手側と受け手側に分かれるのではなく，地域のあらゆる住民が役割を持ち，支え合いながら，自分らしく活躍できる地域コミュニティを育成し，福祉などの地域の公的サービスと協働して助け合いながら暮らすことのできる仕組みを構築する（「ニッポン一億総活躍プラン」より抜粋。平成28年6月2日閣議決定）。』

第4章

生活が変わる

いよいよ，学校教育時代に培った力が活かされる場の話になります。10年後，20年後，30年後が見えてきます。

これらのことを今知っておいて行動出来れば，子どもの将来は，親なきあとまで安泰になります。何も知らないままでそのまま社会へ出すとしたら，どうでしょうか。そう想像するだけで，背中に寒いものが走ります。

第4章は，学校教育時代の積み重ねによって大きな差が生まれてしまうという怖い章でもあります。

逆に言えば，学校教育時代の積み重ねによって子どもの未来の可能性が広がるという明るい章でもあります。ただし，最後には避けては通れない「子離れ」の話をしなければなりません。ずっと先のことです。しかし，それは今から頭に入れておかねばならないのです。

① 今までの生活

深 川：学校時代は18歳で終わるとしたら本当にあっという間
です。学校を離れた保護者は、みなさんそう言われま
す。そして、本人の生活と家族の生活も見直しをしな
ければならないことが出てきます。吉田さんや前川さ
んの息子さんも、放課後等デイサービスなど福祉のサ
ービスを利用することがあれば、そうなることも考え
られますね。

前 川：そうですねぇ。

深 川：ただ、多動や衝動性のある子どもは、高学年になると
その目立つ行動は落ち着いてきますので、特別支援の
対象のままかどうかは分かりません。でも、参考まで
に聞いて下さい。

吉 田：私は、小学校へ入学させたらすぐに放課後等デイサー
ビスに子どもをお願いして、パート時間を長くして働
こうと思っています。でも、18歳で事業所に行き出し
てからは、放課後等デイサービスの利用は出来なくな
るということなので、そうなると、その頃に働き方を
変える可能性が出てくるでしょうね。息子が、利用し
ていればの話ですが。

深 川：まず、学校時代の想像をして下さいね。放課後等デイ
サービスは、平日だけでなく、家族の希望によって土

曜日や日曜日も利用可能です。ということは，平日は学校に行きます。学校が終わればその後放課後等デイサービスを利用します。そして，夕方に保護者が迎えに行き帰宅。週末も，保護者の仕事がある場合は放課後等デイサービスに預けると，殆ど日中は，家庭にはいない状態になります。

　また，特別支援学校が家から遠い場合は寄宿舎へ子どもを入れる場合があります。休日や祝日は帰宅する場合もありますが，その場合も土曜日と日曜日に放課後等デイサービスを利用すると，我が子と接する時間が極端に少なくなります。しかし，これを利用することによって，保護者が働きやすくなり家計が潤うことになりますので，そのバランスが大事だと思います。

吉　田：寄宿舎もあるのですか。驚きました。

深　川：はい。それから，放課後等デイサービスの１日の利用料は自治体で決まっているので若干違います。

　保護者負担額は，その金額の１割です。平日は700円前後，休日は1200円前後です。そして，月の上限額が世帯収入で決まっています。年収約890万円以下は，通所施設の場合は月額上限4600円。年収約890万円以上であれば，月額37200円です。子どもを預けて働くことは保護者にとっては経済的にメリットになります。反面，我が子と接する時間が少ないので，子どもと接する時間をどこかで取ることが必要だと思います。我が子が，どのようなことに困り，何が得意なのか理解

しておくことで将来への準備が変わります。

吉田：何だか，保育園に預けているような感じですね。保育園は休日に預けられませんが。

深川：一般的に幼稚園や保育園は，休日まで預けるなんて出来ません。放課後等デイサービスは，自立に向けた療育をすることが目的の一つです。一般の幼稚園や保育園，学童などとは違います。でも，最近は放課後等デイサービスが増えてきて，その質が落ちていると言われているので，下調べをして利用して下さい。

　私たち教師は，放課後等デイサービスとの連携を考える必要があると思っています。目的の一つに療育が入っているということは，学校の授業との連携があれば効果も期待出来ます。学校と福祉の連携は，今後は必須です。

前川：その連携は，保護者にしたらもの凄く嬉しいです。子どもの成長を共有してもらえます。

深川：寄宿舎で生活していた我が子が，18歳で家に戻ってくる場合は，これまでの生活を我が子に合わせていかなくてはなりません。そして，我が子のことを親がよく理解していないと，かなりの家庭で生活がマイナスの方へ変化することが予想されます。それから，ここで見えてくる大きな問題があります。

吉田：問題ですか？　何でしょう？　自立に関してはいいのでしょうけれど。

前川：分かりますよ，先生。とても言いにくいことでしょう

104

けれど。障害を持つ子どもを愛せない親が存在していることですね？

深 川：ええ，考えたくありませんが。それを，私はとても危惧しています。発達障害の子どもは，健常児と比較してとても育てにくいのです。

前 川：それは，私が一番よく分かります。何度叱っても教えても同じことを繰り返す息子に，どなる自分がいます。諭すことなんて出来ません。怒りが突然頂点に達してしまうような感覚があって，そんな自分に自己嫌悪を覚えてしまう。次は，優しくしようと思うけど……。こんな私は母親失格って，自分のことを責めます。

深 川：そのような話は，たくさん聞いてきました。前川さんだけではないですよ。

前 川：そうなると，障害を持つ子どもが家に帰ってくることを良く思わない人は，グループホームへの入居がすぐ出来ればいいと思うかもしれませんね。

深 川：ええ，しかしグループホーム自体の数は足りていないので，空き待ち状態ですからすぐに入居出来る可能性はかなり低いです。

前 川：小学校段階から，放課後等デイサービスを利用していると保護者自身もそれが当たり前になっているわけですから，いきなり学校卒業後の生活が変わるということは困りますね。

深 川：そうです。情報を求めていなかった保護者は大混乱すると思います。

吉 田：そして，就労する事業所がミスマッチングであれば，さらに大変ですね。

深 川：離職後に引きこもってしまうかもしれませんしね。……世の中にはいろんな保護者がいます。吉田さんや前川さんのように純粋に我が子のことを考えている人もいれば，全く違う感覚の人もいます。B型の少ない工賃すら巻き上げ，障害年金なども自分たちの生活費の足しにするような保護者もいます。

吉 田：そんな，あり得ないです。

深 川：いいえ，現実です。

前 川：施設側も対応するのでしょうけれど。

深 川：職員は，本人のお金だから返して欲しいと念を押すけれども，そういう保護者は金を返したことがないそうです。そして，会いに来るのも金の無心のときだけとか……。

前 川：あまりにもひどすぎます。

深 川：ええ，言葉もありません。だからこそ，18歳という社会にスタートする時が本人にとってとても重要になります。離職しないように願うのです。離職して就活にも次々に失敗すれば，行く末は完全な引きこもり状態。保護者はもうお手上げです。我が子が一日中家にいるのですよ。そして，我が子との関係がつくれていない家庭は，苦痛でしかありません。家庭で全て面倒を見るということがゴールなしに続くのですから。

　救いは，福祉の方々がつながってくれることです。

教師は，福祉の制度を知っておいて，このような状態になった場合は，誰に助けを求めたらよいかを説明しておくと，保護者は後々参考に出来ます。

　知っておくと，子どものみならず保護者も救われます。

前 川：鬼畜のような保護者ではないけれど，虐待に近いことをしていた自分もいます。子どもと向き合う私自身の問題が，そこにあります。それを見越して，今からやっていくことが大事ですね。

深 川：ええ，今からであれば，色々と手立てが打てます。

吉 田：何とかなる方法があるのですね。よかったー。それと，グループホームについても，もう少しはっきりと教えて下さい。前に説明してもらったのは，障害者がその人に合った支援を受けながら生活出来る場所と聞いた覚えがあります。

深 川：はい。では詳しく説明します。

② その時のために，出来ること

 深 川：まず，グループホームに関してです。

 吉 田：はい！　お願いします。

 深 川：前置きが長くなるけれど，最後にグループホームの話が出てきますから待っていて下さいね。

 吉 田：分かってまーす。ははは。

 深 川：今まで説明してきた障害者手帳や就労継続支援事業，放課後等デイサービスの福祉制度は他にも様々あります。例えば，日常生活などの支援で紙おむつ券や福祉タクシー券，医療費の助成・支給，税金や公共料金の減免など，障害福祉の制度は色々とあります。それを使うための人との「制度のつながり」は，言わば障害を持つ人の生きるための保険です。福祉制度は，言わば命をつなぐようにするための保険だと言い切ってもいいかなと私は思います。

 前 川：言い切っていいと思います。

 深 川：じゃあ，命をつなぐだけでいいのか？ということなのです。

 吉 田：えっと，どういうことですか？

 深 川：家庭と福祉事業所との往復。または，グループホームと福祉事業所との往復。その日常の繰り返しが一生続くことだけでいいのかなということです。

吉 田：それはそうですね。単純な生活の繰り返し，楽しみが
なければただ日々を生きているだけって思っちゃいま
すね。

深 川：そうでしょう。私が伝えたいことは「つながり」を２
段階で考えることなのです。福祉や学校の担当者との
「制度のつながり」を第１段階，「幸せのつながり」を
第２段階と考えます。

前 川：「幸せのつながり」ですか？　何か今までと違うこと
があるのですか？

深 川：ええ，あります。福祉も行政も学校も，お役所仕事は，
どうしても仕事として時間制限や内容制限があります。
日常の細かいところまで相談に乗ってくれるのは，個
人的な「つながり」がどれだけあるのかというところ
にかかってきます。

前 川：そうですよね。私は吉田さんがいたから，こんなにた
くさんの情報を知ることが出来たのですもの。身近な
「つながり」の吉田さんが，今一番大きな力ですよ。

深 川：そうでしょう。実は，私のような学校の教職員もお役
所と同じです。担任も特別支援コーディネーターも，
移り変わっていくのが普通です。申し送りはあるかも
しれませんが，学校卒業後にはそれも終わりです。

　　　特別支援学校以外の学校は，アフターフォローはし
ません。休日や時間外の対応は，出来ないのです。

　　　ある企業が学校側に，就労後の状況について見に来
て欲しいと打診したら，特別支援学校以外のところは

あっさりと「卒業後は関係がない」と断ったと聞いています。仕事でつながっている方々との「制度のつながり」は，それ以上でもそれ以下でもないのです。

吉　田：たしかにそうですよ。いくら保健師さんや保育士さんと仲がいい私でも，公的な場でしか話しませんからね。

前　川：うーん，そうしたら愚痴を聞いてもらえる親の会やママ友が一番いいのかしら？　でも，それをどこで知ったらいいのかしら？

吉　田：私も親の会を探そうと思います。

深　川：もちろん，親の会は入会しておいた方がいいと思います。障害種によって親の会も団体が違っているので，我が子がどの分野になるのかをよく調べて下さい。親の会もネット発信しているところがたくさんあります。
　　　　でもね，もっと身近なつながりがあった方がいいのです。

前　川：えぇ？　どういうことですか。

深　川：まずは，とても身近なＡ小学校とＢ小学校での「つながり」とご近所での「つながり」です。親も子どもも同年齢だけでなく異年齢でつながっておくことをお勧めします。これが，第２段階の「幸せのつながり」になります。

前　川：へー？

吉　田：よく意味が分からないのですけど……。

深　川：以前，「ぷれジョブ」の話をしました。その中で，障害を抱えた子どもも地域で生きていけるような社会，

つまり共生社会が目的になっているという話をしましたよね。だから，職業体験も親が地域でさせています。

吉　田：ええ，ありました。でも，それは，子どもの職能を知る手立てだと思っていました。

深　川：それもあります。でも，最終の目的は，親なきあとに生きていくための地域社会を創ることです。そのような地域社会が創れなければ，先に話したお役所仕事の「制度のつながり」だけの，生きていくことは出来ても地域社会に居場所がない人生になります。

吉　田：何故ですか？

深　川：何故だと思いますか？

前　川：分かりません。

深　川：人が流動的だからです。そして，仕事上でしか関わることをしない「制度のつながり」だからです。人が流動的というのは，もの凄くデメリットがあることをお二人ならご存知でしょう。

吉　田：あぁ，そうですね。とても，そう思います。うちの息子は，話すのが苦手です。だからかもしれませんが，人に慣れるまでに時間がかかります。

前　川：うちの子は，すぐに手が出るのでね。仲良くなったと思ったら，あっという間に嫌われますねー。

深　川：地域で生きていくためには，流動的ではない方々と「つながり」を持つ必要があります。それは，近所の人たちです。隣近所で町内ってことです。子育ては，基本的なところは同じです。お悩みに関しては，先輩

としてのアドバイスがあるでしょうし，急病などの場合はお互いさまで助け合える生活があります。

　そして，子どもの異年齢の「つながり」は，近所の年齢が近い人が行動のモデルとなるでしょう。余暇で集う祭りや行事で我が子が地域に参加すれば，理解してもらえる場が増えて，挨拶も交わすようになり，日常の生活に近所の人たちの行き来があります。

　万が一，我が子が離職して引きこもった場合に福祉以外に手立てがないなんてことにはならないのです。近所の人たちが，障害を持つ我が子に合った職を世話してくれる。そんなことが，可能なのです。

吉　田：まだ先の話ですが，直面するかもしれないことですね。

深　川：でも，それだけでは，まだ「幸せのつながり」ではないと私は思います。

前　川：深川先生ー。一体どこまで考えているのですかー？　もう，無理ですよー。

深　川：何を考えているのかって？　「幸せのつながり」ですよ。ご心配なく。もう，お二人は，それを手に入れています。

吉　田：はい??

前　川：え??

深　川：一番初めに，ここにお二人が一緒に見えたときに私に何をお話しになったか覚えていますか？

前　川：ええっと，吉田さんに愚痴を聞いてもらって辛い思いがスッキリするとか……。

吉 田：うちの子が，前川さんのお子さんに助けてもらって感謝しているとか。

深 川：それが「幸せのつながり」なんです。

吉田・前川：あああ！

深 川：いいですか，人は人と「つながって関わらないと生きていけない」ですよね。関わり方がへたくそだから，離職もするし引きこもる。でもね，そういう場合もありはしますが，多くは人との関わりの中に幸せを感じる瞬間があります。

　　　　ちょっとした会話の中で，人は自分の存在を認められたり，必要とされたり，その人といることで安心感を持てたり。

　　　　それが，「幸せのつながり」なんです。

　　　　人と人との相性が，もちろんあると思いますよ。合わない人もいるでしょう。そして，幸せ感覚も人それぞれだし，距離感も違います。

前 川：でも，第1段階の「制度のつながり」だけでも人と関わらないと生きてはいけないのですものね。

深 川：ええ，例えば引きこもりの人は，親なきあと，自分で手続きをしなければなりません。もし，その手続きが出来ないと，第1段階の「制度のつながり」も切れてしまいます。そうなると2つのつながりがない，一番過酷な方々になります。

　　　　一方，「幸せのつながり」が多ければ多いほど，余暇活動が活発になり生きる意欲が高まります。そして，

働く喜びをも感じつつ生きていることが楽しくなって
いきます。

　じゃあ，その「幸せのつながり」は，いつからつく
ればいいのでしょうね。

吉　田：18歳！

前　川：うーん。早ければ早い方がいいのかな。小学生。

深　川：早ければ早いほうがいいです。

吉　田：何となく分かってきました。私には，前川さん以外に
も「幸せのつながり」があります。そう言えば，隣に
住むご家族ですよ。うちの息子は，とてもなついてい
ますね。私も，気兼ねなく泊まりに行ったりして行き
来出来ています。

前　川：私は，……近くにはいないけど，私自身の学校時代の
友だちかな。今，フェイスブックで情報交換していま
すよ。他は，私の職場の人ですね！　気の合う飲み仲
間がいます。長い付き合いなのでそれに近いかもしれ
ませんね。

深　川：そうそう。「幸せのつながり」が，１つより２つ，複
数あれば将来に起こるかもしれない予期せぬ出来事へ
も一人で対処しなくてもよくなるでしょう。

　福祉の方々の「制度のつながり」はハード面で絶対
に必要ですが，将来をただ生きるだけの生活にしない
ためにはソフト面の「幸せのつながり」が必要です。

吉　田：ええ，そう。ソフト面の「幸せのつながり」がなけれ
ば，暗ーくなりそう。

前 川：そうかぁ，息子のためには地域の祭りや行事に参加することは大事だったのですね。

深 川：お二人とも働いているでしょう。だから，無理をしていると続かないですよ。ただでさえ，子育ては人の何倍も大変なのですから。

　　　出来るところから，一歩ずつやりましょう。

吉 田：ええ，「制度のつながり」と「幸せのつながり」ですね。

　　　あっ，深川先生，グループホームの話が切れていますけど。

深 川：やっと話せる段階になりました。今までのことが分からないと，グループホームの話がただのハード面になってしまいます。

吉 田：では，グループホームをもっと詳しくお願いします。

深 川：はい。そうですね。次にそこをお話しします。

③ グループホームから親なきあとまで

深 川：介護問題も障害を持つ我が子の世話も両方になると，結局は人が頼りですよ。そして，人とつながると楽しみもあると思います。特別支援学級で以前担任していた保護者さんたちは，もう10年近く経っていますけれども年に一度小旅行したりしていますね。もちろん，子どもさんも一緒に。

吉　田：いいですねー。前川さん，私たちも行きましょう。

前　川：ええ。是非。

深　川：障害を持っている子どもがいるからって，そういう楽しみがないというのはおかしいでしょう。「いろんなことを乗り越えてきた仲間とお喋りや楽しみがあるというのは，日々の潤いになる」と親の会のみなさん，言いますよ。

　　　　結局，グループホームの中でも人づきあいがあるわけですね。そして，そこで「幸せのつながり」ができたらいいですね。

吉　田：グループホームは施設だから，大きな建物なのですか？

深　川：グループホームの建物自体は，大きくはありません。少し前までは障害者を隔離するような施策がありましたが，改められ，地域で生活することを目指すグルー

プホームが地域の中に開設されるようになりました。

吉 田：何か大きい建物をイメージしていたのですが，違うの
ですね。

深 川：多くのグループホームの対象は生活介護の必要がない
人です。生活で人の援助が必要な人は，グループホー
ムでも介護が受けられるグループホームを選びます。
どのグループホームにしたらよいかは，障害種や障害
の程度によって変わります。

　障害者施設とは分からないように看板などは出しま
せん。多くは民家風の建物になっています。入居者数
も大体10人未満です。家族的な雰囲気で，食事場所や
風呂場は，訪問したグループホームでは共同でした。
部屋は個室でトイレ付のところもあります。

前 川：障害者の方の生活の能力に合わせて事業所を決めるこ
とは，就労と同じ考え方ですね。

深 川：そうです。グループホームは3障害で分かれています。
知的，身体，精神の3障害の種類別です。介護の必要
がある人は，障害の軽重や状態に応じてグループホー
ムが分かれます。利用出来る施設かどうかをよく調べ
て入居することになります。我が子の障害の特性や能
力に合った施設を選ぶのは，まさに就労と同じです。

吉 田：親なきあともそのまま入居出来るのですか？

深 川：そうです。ただし，介護が出来ないタイプであれば，
年をとって介護が必要になれば，介護が出来るグルー
プホームに移るしかありませんね。

現在，どちらも備えた一体型のグループホームが増えてきています。

　　地域で色々な情報を仕入れておくと，先々役に立つでしょう。

前川：グループホームでの一日って，どんな一日になるのですか？

深川：それは，入居者の方の必要な支援がそれぞれ違うので，福祉サービスの内容から選び利用します。夜間支援と日中支援のサービスを選んで決めることになります。夜間支援は，お風呂の介助や食事や生活面の支援です。日中支援は，通所といって事業所へ通うことが一般的ですから，事業所で個々人が選んだ福祉サービスを受けます。

前川：グループホームを利用するためには，何が必要ですか？

深川：放課後等デイサービスでは必ずしも必要ではなかったのですが，グループホームでは各住所地の区市町村で発行される「障害福祉サービス受給者証」が必要になります。区市町村の窓口でグループホーム利用の意志を伝えて，「障害福祉サービス受給者証」が受けられるかを相談します。

吉田：何か希望がわいてきました。

深川：吉田さん，前川さん，よく聞いて下さいね。

　　グループホームに入るためには，保護者の意識が変わらなければならないのです。

前 川：どんなふうにですか？

深 川：つまり，お子さんと別々に生活するということです。

吉田・前川：あ！……

深 川：お二人ともお子さんに愛情を注いでいる。小学校に入学しようとする年齢です。色々と心配なことがあるでしょうから，「私が守らなければならない」という気持ちが強いでしょう。だから，お子さんと別れて生活するなんて考えられないと思います。

前 川：考えられません。

深 川：もちろん，まだ先のことです。でも，障害のある子がグループホームで，自力で生活出来るようになるには時間がかかります。出来るだけ，早くから始めなければなりません。つまり，子どもの幸せのために親の「子離れ」が必要になります。

　グループホームに空きがないというのは，現在とても深刻な問題です。だから，早くから情報収集をしていたからといって幸運がすぐに来るとは限りません。

　では，グループホームに早くから入らなければ「幸せ」にはなれないのでしょうか？　それは，違います。

　グループホームの空きを待つ間だって，「幸せのつながり」があれば人との関係性の中で喜びや楽しさを共有し，ワクワクドキドキの体験は可能ではないでしょうか。ある人はカラオケが楽しみと語り，ある人は障害者のオリンピックと言われるスペシャルオリンピックスに出場するのが夢だと語り，ある人は仲間とドライブに行くことが日課と語ります。

　そして，あるグループホームの職員が話してくれたことがあります。「本当に重度の，どうしても働くのは難しい方も，出来るだけ仕事場に出してあげたい。1つでもいいからね，何か作業が出来ればね，色々な人に認めてもらえるでしょう。そしたらね，自分にも出来たという喜びと自分という存在を認めてもらえるという喜びが2つも生まれるのよ。私はね，生きている上でとても大事なことだと思うのよ」。グループホームにいてもいなくても「幸せのつながり」は，「制度のつながり」よりも強力な支えになります。

第5章

学校卒業後の幸せ

「幸せ」とは何でしょうか？

本書を読んで色々と考えたと思います。

さて，一般就労，福祉就労のどちらが幸せになるでしょうか？　福祉就労の中でも就労継続支援Ａ型とＢ型とどちらが幸せになるでしょうか？

その賃金の格差を知れば，迷いなく「そんなこと言ったって賃金が高い方がいいに決まっている」と思っていたと思います。それが普通です。しかし本書を読み進める中で，それほど単純ではないことはご理解いただけたと思います。

もう一歩，進んでいただきたいと願います。

学校卒業後の幸せとはどんなものであるか，また，保護者は何が出来るのか，その事例をいくつか紹介したいと思います。

① 幸せな就職

前 川：『一生涯を生き抜く力』を身に付けるために，今まで
いろんなことを聞いてきましたが，それを身に付けた
子どもの幸せな事例を紹介してもらえませんか。元気
になれるお話です。

深 川：なるほど，そうですね。では，私の仲間で小学校教師
がいるのですが，その教え子でとても幸せになってい
る子どもがいます。と，言っても，もう成人ですから。

吉 田：特別支援学級の子どもだった人ですか？

深 川：ええ，そうです。先日，その先生から紹介された山下
さんのことを紹介します。

　　　私は山下さんと実際に会って，色々な話を聞きまし
た。

　　　山下さんは，小中学校の特別支援学級で過ごし特別
支援学校高等部へ進学しました。山下さんは，小学校
の頃，勉強はあんまり好きじゃなかったけど，真面目
な性格で他の子どもたちの面倒見もとても良かったの
だそうです。

吉 田：きっと優しい子なんですね。

深 川：はい。

　　　小学校時代は良かったのですが，中学校に進学する
と，それまで小学校の交流学級で遊んでいた友だちが

122

同じ中学校に進学してから何故かイジメるようになり，辛かったと話していました。そして，特別支援学級にいる他のみんなもイジメられているのに，中学校の先生たちはまるで気が付かなかったという話でした。

前 川：え？　何故，小学校ではイジメがなく，中学校でイジメが発生したのでしょうか？

深 川：そこに気が付きましたか。

　　　そうです。私の友人は小学校教師で，特別支援学級の担任として私は昔から尊敬している人です。

　　　彼は，特別支援学級の子どもは色々な人と関わる必要があると考えています。そのため，特別支援学級の子どもを交流学級の授業に出来るだけ行くように周囲の同僚へ働きかけをしていました。いろんな教師に見てもらうような企画を練って，同僚の教師との触れ合う場面もつくるなど，閉鎖された特別支援学級ではありませんでした。

吉 田：じゃあ，いろんな先生が出入りしていたのですね。授業では受け持たない先生も？

深 川：ええ，その通りです。学校のいろんな職員が特別支援学級の子どもたちを知っているので，何かイジメのような兆候があれば職員全員が情報を共有し，全員が解決に向かうような行動をとります。イジメになる前に発見し，その改善を図るのです。

前 川：そんなことも出来るのですね。それだったら子どもたちは安心して学校生活が送れますね。

深川：ええ，そう。だから中学校時代は，余計に辛かった。ある時期，あまりにも辛かったので欠席が続いたことがあったのだそうです。その時のご家族の声かけが有り難かったと話していました。「学校が辛かったら行かなくていいんだよ。学校に行っても辛いことがあればすぐに帰っておいで。お父さんもお母さんも，あなたをとても大切に思っているんだからね」。このような声かけをしてもらいながら何とか中学校を卒業し，特別支援学校高等部へ進学しました。

吉田：ご両親も辛かったのだろうと思います。その後はどうなったのですか？

深川：特別支援学校高等部を卒業する時に就職先が決まらずに職業開発センターの寄宿舎に入り直します。その時にお父さんが「最後までやり抜いてこい。途中で音を上げるな」という厳しい言葉を山下さんにかけたそうです。その言葉を聞いて，絶対に辞められないと思い，厳しい訓練施設の2年間を過ごし，無事就職先も見つかって採用になったということでした。

　　その訓練施設の厳しさは半端でなく，朝4時起床で20時までの様々な訓練があり，昼の弁当は朝から自分で作るなど自炊もしていたそうです。でもそれが，卒業後とても役に立ったと話しています。この厳しい環境で山下さんは，お父さんの言葉を噛みしめながら，同じ寮に住む先輩後輩たちとも語り合って乗り越えたと言います。

吉　田：お父さんは，中学校時代はイジメがあったら帰ってきていいと言い，職業開発センターではやり抜いてこいと言う。そこが，きっと子育てで大事なのでしょうね。

深　川：ええ，いつまでも子ども扱いしないのです。どこかで，「おまえなら出来る」という信頼関係と背中を押す保護者の勇気です。いつまでも，子ども扱いしていては，子どもは精神的な成長が出来ません。

吉　田：背中を押す勇気……。

前　川：保護者が，我が子を自立させるために将来を考えないと，この言葉は出ません。

深　川：保護者だけではありません。

吉　田：と言うと？

深　川：ええ，将来のためにセンターでは就職の斡旋はなかったそうです。

前　川：ええ？　どういうことですか？

深　川：このセンターの方針が職は自分で探すことになっており，自分で職探しに挑戦し，挫折し，さらに挑戦して職を得るのだそうです。山下さんは，その後の就職先での苦労は，訓練に比べたらたいしたことはないと笑っていました。そして，この春めでたく婚約が整い，結婚が決まったそうです。

吉　田：まぁー。苦労した時期もあるけれども，家族や人とのつながりの中で乗り越えて掴んだ幸せなのですね。いい話ですね。

深　川：私が山下さんと話している時に彼女から電話があって，

とても幸せそうに話している姿を覚えています。その後，半年ぐらい経ってから結婚の報告を先生が聞いたそうです。

前　川：励ましも厳しさも，家族だから出来ることがありますね。息子をどのように支えるかを考えさせられました。

深　川：山下さんに，働くために何を学んでいたらよかったかと聞いたら，一言，「もうそれは，あれでしょ，コミュニケーションですよ」と応えました。２年間で訓練施設の先輩や後輩が厳しさに耐えられず辞めていったそうです。それもコミュニケーション能力がないからだと言っていました。

　遡れば，小学校時代に担任が交流に出す機会と周囲への働きかけを行っていたことが，人との「つながり」をつくる力を身に付けさせ，彼が結婚出来る大きな要因になっていると私は思います。

前　川：小学校と能力開発センターの教育は，将来にとても役立っていますね。

深　川：はい。山下さんの話を聞いて，教育ということをしみじみと考えました。センターで職を探さなかったのは，自らが探すことで将来の離職を防ぐためです。弁当を作ることも，生活を支えるスキルを定着させ，日々のルーティンにすることを狙っています。訓練の厳しさに耐えられたのは，その辛さを支える家族や仲間がいるからです。周囲に感謝する心が育つような教育になっていたからだと私の方が学びました。

吉田：結婚ですか……。そうですね。結婚ですねー。涙が出そうです。それを息子にと思うのは，出来ないかもしれないのですけど。でも，そうなる可能性もあるのだなぁと……。

　長い，長いマラソンのつもりで走らないと。今しか見てないと，幸せも見えないですね。山下さんの人生だって，山あり谷ありですものね。そして，そこに至るまで，「一人ではなかった」ということになるのでしょうね。

② 生活介護施設での幸せ

前 川：他にありませんか？　幸せなお話。

深 川：では，大川さんのお話をしますね。

　　　大川さんのお子さんは，言葉を話すことが出来ない重度の知的障害を持っています。昨年の春に，特別支援学校を卒業して，現在は生活介護の福祉サービス2カ所を利用しています。

前 川：2カ所利用されているのですね。

深 川：ええ，この方は，生活介護の場所の選定を随分迷っておられて，最終的に一方は「働く」要素が強い生活介護の利用を週3回としたそうです。もう片方は人気が高い事業所で，週2回通うことにしているということでした。

吉 田：そういう組み合わせがあるのですね。

深 川：はい。しかし，利用者の方にとってみたら複数行くのはデメリットもあると感じました。

吉 田：曜日によって，違う場所に行くというのは慣れるのが大変ですからね。

深 川：私たち教師だって，曜日ごとに違う学校で教えるのは精神的にもキツいですよ。何しろ人的環境がまるで違うからですね。でも，その方は違いました。

吉 田：へぇー。

前 川：では，何故それが幸せなのですか？

深 川：はい。それはですね。その保護者が仰る言葉に，私は非常に納得しました。あぁ，これが，大川さんが思う本当に幸せな卒業後の生き方なのだなぁって。

吉 田：えっ？　どんな言葉ですか？

深 川：「私，いつでも死ねるよー」って，仰るんですよ。

吉 田：いつ，いつでも死ねる？

それって，幸せな話ですか？

死ねるって，不謹慎じゃあないですか。

まだ，就職したばかりだし。

深 川：そうです。1年目です。

吉 田：親なきあとを普通は心配するのに。

深 川：お子さんのグループホームはまだ決まっていないし，宿泊練習のショートステイも今からだから，私も「何故？」って聞きました。

「まだ，先は長いんじゃないですか？」って。

前 川：一生の半分だっていってないよね。

深 川：不思議でしょう？

大川さんは「社会へのスタートラインに立ったばかりだけど，もう自分がいなくても生きていけるスキルを身に付けていること，本人の意識がすでに親離れしていることの確認ができたので安心している」のだそうです。だから，「あぁ，何かあってもこの子は生きていけるなぁ。大丈夫，私がいなくても」って，思えるのだそうです。

大川さん自身が，その時点で『一生涯を生き抜く力』を身に付けさせたという自信があるからです。そして，それを周囲が認めているのです。だって，ことあるごとに大川さんの前で別の保護者が，「絶対的な生きる力があるわよねー。うらやましい!!」って，褒めるのですよ。

吉　田：ますます分からない。何故ですか？

深　川：実はね，「人の指示が通る」という至極シンプルなことが出来るのです。そのお子さんは言葉を話すことが出来ないし重度の知的障害もあるけれども，意思の疎通が他者としっかり出来ます。

　　もし，仮に今親なきあとになったとしたら環境がガラリと変わるでしょう。そしたら，そのお子さんだって恐らく親戚や見も知らない大人とやりとりをしなくてはなりません。そのときに，一番大切なことは，人との意思の疎通が出来るのかということに尽きます。

　　それも，「全く会ったことがない人とコミュニケーションがとれるか，その指示を聞くことが出来るか，つながることが出来るか」ということに尽きます。

吉　田：そうでしたねぇ。東日本大震災や熊本地震では，親とはぐれたり死に別れたりした，意思の疎通が出来ない障害を持った子どもは，パニックで大変だったと聞きました。そういうことを思えば，まさに命に関わることがあっても，他者とのやりとりや意思の疎通が出来れば生き抜いていくことが出来ますね。

深川：まさに，「絶対的な生きる力」です。言葉を喋れて，勉強も出来るけど，人との意思疎通が出来ない健常者よりも，圧倒的に生きる力があります。

吉田：いつでも，死ねる……。親にとってみたら，最高に幸せな状況ですね。大川さんのお子さんは就労のスタートラインでそれが身に付いているとしたら，やはり随分以前からやっていたのですか？

深川：大川さんは，今のみなさんと同じように小学校入学前から，我が子のために色々と歩き回って情報収集をされていたそうですよ。

前川：私たちと同じなのですね。

深川：大川さんは，入学前から色々な場面に子どもを連れて行って，色々な人と関わらせました。もちろん学校でも，出来るだけ通常学級の子どもと関わらせるようにお願いしました。それが良かったと大川さんは仰っています。大川さんは，地元で若い保護者の方々へ，入学前から始める大事さを伝える活動を仲間の人たちとされています。私は教え子の幸せを願う一教師として，日々の授業で社会へのスタートラインを目指したい。

　学校で過ごす時間というのは，たった12〜16年。将来のビジョンを見据えながら，本人と教師と保護者がしっかり話し合いつつ『一生涯を生き抜く力』を育てる授業であるかどうかを自問自答できる教育者でありたいと思います。

③ 障害がとても重い子どもの幸せ

前 川：もう他に幸せな事例ってないのでしょうか？

深 川：そうですねー。誰かの事例というわけではないのですが，私はとてもお役に立つ話だと思うのでお伝えします。非常に障害が重い子どもや他害の行動がひどくなってしまった子どもの将来についてなのです。

吉 田：ええ，是非。

前 川：それは，もしかすると交通事故で一生重度の身体障害になった子どもや難病の子どもも含めるということでしょうか？

深 川：そうなります。私が，このような子どもたちのことについてお話を聞いた事業所は，Ｂ型の作業所の管理責任者の方でした。まず聞いたのは，Ｂ型の作業所にも入れない方はどうしているのかということでした。

吉 田：前に聞いた生活介護施設に入るのですよね？

前 川：それに居宅といって，家の中で過ごしている方もご近所にはおられます。

深 川：ええ，病院も生活介護施設も居宅も含め，障害が重い方は，およそ社会から見えにくいところにおられる場合が多いと思います。生活介護は，そこから言うととても軽い方に当たるかもしれません。生活介護のサービスの活動は，働くことが難しい方々が対象です。

そのような方々で，体調が安定している人や病気の
ケアがない人は，グループホームや自宅から通ってき
て，余暇の時間を生活介護の事業所で過ごすことが日
常になります。

　　グループホームや住居から出て日中支援を受けなが
ら安心して過ごせる居場所が生活介護施設です。

吉 田：そうなると，かなり重度の方ですね？

深 川：ええ。実は，私はそのような方々，つまり自分の気持
ちの表現が最も出来にくい方々にとって幸せとは一体
何だろうかという疑問をずっと持っていました。

　　そして，「私たち教師は何が出来るのだろうか？」
とも……。

吉 田：そのような方々にとって幸せとは……。難しいですね。

深 川：ええ。この疑問を，いくつかの事業所の責任者に尋ね
てみました。その結果，スタッフとのミーティングに
より，そのような利用者の方々の困難さに前向きに取
り組み成果を上げる中で，その利用者の方のよりよい
過ごし方を見つけたとして話してくれました。考え方
であって，ノウハウではないのですが。

　　障害がとても重い人は通常一般の人からは見えない
施設で生活をしています。取材した事業所でも，意思
の疎通が出来にくい方が時々不適応を起こす場合もも
ちろんあります。その場合，意思の疎通が図られない
ときは，まずスタッフで色々検討し改善出来るように
努力します。

しかし，色々な策を講じても結果が芳しくない場合は本人が適応出来そうな，よりよい事業所を紹介することにしているそうです。

　つまり不適応をそのままにするのではなく，「他の施設を提案すること」で利用者の方を不適応のまま引き留めず，よりよい環境を提案したり，考えたりすることが利用者の方の幸せになると考えているそうです。そして，そのような考えで他の施設からも受け入れているのだそうです。

　「利用者の方々の最適な環境をスタッフでミーティングしながら考えることが，利用者を幸せにしていると捉えている」とある責任者は話していました。

　実際に，そのような重度の障害の方は，環境を変えてみると案外適応する場合もあると聞きました。また，「不適応な環境でパニックを起こしたり，他害，自傷を繰り返したりするのに継続する意味はない」と話していました。

前 川：なるほど。不適応のままにしない。

深 川：結局，自分を理解してもらえない場合にそのような感情が出てくるのですから。

吉 田：でも，その人の困難さって。会話が出来ないのにどうして分かるのですか？

深 川：ええ。

　　　その人らしさをどう理解するのか。

　　　そこが，支援の一番コアな部分なのです。そして，

134

管理者はそのコアな部分について話し合いをして，職員間での気づきから発見していくそうです。そして，対応策を練ると話していました。

前 川：しっかりその人と向き合い，その上で他の事業所へ移すことを考えるのであれば，その人の居場所は確実に良くなる可能性がありますね。

深 川：ここで，私がお二人にお伝えしたかったのは，そのように重度の方を取り巻く人たちが，どのような視点でその方に接するかが大事だということです。

　生活介護の事業所ですから，その人を成長させることは目的としておらず，「日常生活をする」場所です。

前 川：しかし，そうではなかったのですね。

深 川：重い障害の方々の立場に立って，どうあれば気持ちが収まるのか，トラブルなくスムーズに予定がこなせるのかということを積み上げていき，その人が「よりよく生きられる」ように環境を設定していく視点で支援を行っていると話していました。

吉 田：とても，考えさせられますね。寝たきりの高齢者も同じですね。死なないだけのような環境では，幸せとは言えませんね。

　その場所にただ生かされているのではなく，小さな表情の変化や声の明るさなどから生きることの喜びを発見出来る周囲の人の視点が大事ですよね。それを積み上げたり広げたり出来たら素晴らしいですね。それって，仕事上のマニュアルにはない部分でしょう？

深 川：そうですよ。やはり，事業所を利用している方々が幸せになって欲しいと「幸せのつながり」を願う気持ちが，そういう視点を持てる土台です。

　　　教師も同じだと私は思います。特に難しいケースほど，特別支援担当者や連携機関の関係者は一人で対応することに限界がありますから。

　　　やはり，チームとしてのつながりを持ちながらやっていくことが重要です。

前 川：そういう視点を持つ先生方に学校現場で出会いたいですねぇ。

吉 田：そうねぇ。

深 川：そういう教師や管理者を生み出せる教育をすることを，社会は目指していかなければと心底思います。

　　　あ，あれ，違いますね。教育者だけじゃないですね。社会全体，誰でもがそういう気持ちを持てるようにならなければ，このような弱者が幸せになる社会の実現は難しいです。

前 川：深川先生，誰が一番弱者なのかで考えると，障害者という括りではなくなりませんか？

深 川：そうね。社会的弱者は障害者だけではないですね。

吉 田：じゃあ，やっぱり社会全体がそういう気持ちを持てることが大切になるわね。

深 川：学校の授業で気持ちのやりとりが出来ない重度の子どもが，年に数回時間と場所を共有するチャンスを生み出すことが第一歩だと思います。

その時間に一緒に活動した体験を持てれば，通常学級の子どもたちが将来大人になって社会に出たときに障害者理解も進みます。企業でも障害者枠が意識されないようになり，お互いさまで生きていける共生社会をつくれると事業所の方から話を聞いて思いました。

　　それに通常学級にこそ弱者がいることを知りました。いくら学校の勉強が出来ても，人とつながることが出来ない人の将来は危ういのです。

吉田：はい。障害者の持っている福祉のセーフティーネットがないだけに深刻です。

前川：だったら，障害児も健常児も一緒に学ぶ機会があることが，もっと進められなければならないですね。

深川：ええ，そう思います。人とつながることが難しい特性を持つ健常児も，人とのつながり方をじっくりと，安心して学ぶ機会を持てると思います。みんなが見捨てられないクラス・学校を生み出さねばと思います。

　　さて，もうすぐ入学式ですね。吉田さん，前川さん，そこから，まず第一歩を踏み出しましょうか。

COLUMN

西川先生の キャリア教育入門

幸せ

　ここまでお読みになれば「幸せ」は何か分かると思います。

　人が幸せであるか，不幸であるかは，どのような人間関係を周りの人と結んでいるかによって決まると私は信じています。

　公的な福祉制度によって，「生きる」ことは可能となっています。もし障害が認定されたならば，障害が認定されていない人よりセーフティーネットは整備されています。しかし，公的な福祉制度は「生きる」ことしか保障しません。それは，「幸せ」に必要条件ですが，十分条件ではありません。

　この幸せを実現しようとするならば，いつからでしょうか？出来るだけ早くから保護者は動かなければなりません。そして教師はそうなるように，出来るだけのことをしなければなりません。

　人とのつながりを持てずに社会に巣立つ健常者はセーフティーネットが未整備なのです。我々の意識を特別支援教育に留めてはダメだと私は思っています。

　急ぎましょう！

　そして，一人でも多くの人に伝えましょう！

あとがき

　この本のコアというのは以下の３点になります。

　このコアを，読者のみなさんに早急に知っていただくことが目的の本です。

　①：子どもたちが闇に落ちていく理由。

　②：①は，障害の特性の有無に関係がない。

　③：①②の結果を踏まえ，目の前にいる子どもの様子からその子の将来像が浮かぶ。

　これら３点は，上越教育大学に入学する前，つまり現職期間中には分からなかったことです。西川研究室に所属して，２年間の研究で３点の結果を出したということになります。その研究テーマは，西川先生との話し合いによって決めました。

　その研究とは，前書きに書いてある通りです。

　「特別支援の子どもの一生涯の幸せを保障するために学校は何が出来るか」ということを研究することを決めました。方法は，障害者が就職したあとに関わる様々な人からの聞き取り調査です。

　研究テーマに照らして，①から③までのコアを説明します。

①子どもたちが闇に落ちていく理由。

　殆どの教育関係者は，学力が不振の場合に子どもたちが闇に落ちていくと信じていると思いますが，実はそうではありませ

ん。学力に関して就労先で「化学では……」「数学では……」「国語では……」などと質問されたり，仕事の上で求められたりしている障害者の方を私は一人も見ていません。

　そして，成人の障害者の方々のアンケートで「職場で働くことで大事なこと」という質問の答えは，「人間関係」と書いている人が殆どです。ということは，「人間関係」をつくれない場合は離職する可能性が高いということです。子どもたちが闇に落ちていく理由は，学力不振のせいではないのだということです。

　この点が分かっていれば，学力が低いからといって取り出してまで授業を分からせる必要はないのです。何故なら，本文でも書きましたが，集団で学ぶべき社会性が学べなくなってしまいます。まして，どちらもやろうとすると，時間が足りないばかりか，定着出来ないために同じ学習を何度もやることになります。集団からも学べない，学力も記憶との戦いで終わってしまうということが学校の現状ではないでしょうか。

　通常の学級の発達障害の子どもは，個別の支援が充実している特別支援学級や特別支援学校の子どもより先に闇に落ちていくのです。

　社会に出たときに身に付けておくべき社会性が育っていないのですから，当然の結果となります。

②：①は，障害の特性の有無に関係がない。

　闇に落ちていく子どもは，障害の特性の有無に関係がない。

　私は，取材を通して①の結果を掴むことが出来ました。その

上で②が，分かるようになりました。障害の特性の有無に関係がなく，集団の中で社会性を学ぶことが出来ない場合は，就労先の企業でも事業所でも適応が非常に難しいという結果です。18歳の時点ですでに適応出来ていないのに，そこから社会性を身に付けるというのはとても大変なことです。重度の自閉症であってもその子なりの意思の疎通の仕方があり，それを様々な人で体験し積み重ねていくことでその子なりの社会性を学んでいます。そこに，「制度のつながり」と「幸せのつながり」が存在するのです。

③：①②の結果を踏まえ，目の前にいる子どもの様子からその
　　子の将来像が浮かぶ。
　「特別支援の子どもの一生涯の幸せを保障するために学校は何が出来るか」という研究の結果の核の部分が③です。
　③で教師は，目の前の子どもが学級という社会集団の中で社会性がどの程度あるのかが分かれば，将来の人間関係が大まかにでも推測出来るということです。気になる子どもは，推測したことを基に保護者や関係者との情報共有を行い，その課題を目標として多面的に育てていくことが出来ます。
　①と②が本書によって理解されれば，③を，日常生活や授業の中で見取ることが可能になります。
　①で闇に落ちる子どもは，集団の中で社会性を学ぶことが苦手な子どもや学ぶ機会が少なかった子どもです。そのような子どもを，出来れば授業で見取りその子が社会に適応出来るように授業を通して育てることが，「特別支援の子どもの一生涯の

幸せを保障するため」に学校教育が出来ることではないかと思います。

　明日から，是非①②③の部分を踏まえて授業を行っていただければと思います。子どもの社会性をしっかり見取ることが出来る授業は『学び合い』です。そして，『一生涯を生き抜く力』を身に付けることが出来るのも『学び合い』の授業だと私は考えています。

　「特別支援の子どもも含めた全ての子どもたちの一生涯の幸せ」を，読者の方々と一緒に学校教育で私も目指していきたいと思っています。

深山　智美

捕逸：

　本書では『学び合い』のことは直接書いておりません。それを知りたい方は，本書と一対をなしている『特別支援学級の子どものためのキャリア教育入門　基礎基本編』（明治図書）をご覧下さい。

【著者紹介】

西川 純（にしかわ　じゅん）

1959年東京生まれ。筑波大学生物学類卒業、同大学院（理科教育学）修了。博士（学校教育学）。臨床教科教育学会会長。上越教育大学教職大学院教授。『学び合い』（二重括弧の学び合い）を提唱。

【著書】

『資質・能力を最大限に引き出す！『学び合い』の手引き』，『汎用的能力をつけるアクティブ・ラーニング入門』（2016年），『今すぐ出来る！全校『学び合い』で実現するカリキュラム・マネジメント』，『みんなで取り組む『学び合い』入門』（2017年），以上明治図書。他多数。

【編著書】

『アクティブ・ラーニングを実現する！『学び合い』道徳授業プラン』（2016年），『子どもを軸にしたカリキュラム・マネジメント』（2017年），以上明治図書。他多数。

深山 智美（ふかやま　ともみ）

1965年長崎県生まれ。長崎県小学校教員。2015年より2年間，内地留学。上越教育大学大学院学校教育研究科教育実践高度化専攻，西川研究室にて『学び合い』における特別支援教育を学ぶ。

〔本文イラスト〕木村美穂

THE 教師力ハンドブックシリーズ

特別支援学級の子どものためのキャリア教育入門
実践編　子どもの生涯の幸せを保障する保護者と担任のナビゲート

2017年10月初版第1刷刊	©著　者	西 川 純
		深 山 智 美
	発行者	藤 原 光 政
	発行所	明治図書出版株式会社

http://www.meijitosho.co.jp

（企画）及川　誠（校正）姉川直保子

〒114-0023　東京都北区滝野川7-46-1
振替00160-5-151318　電話03(5907)6704
ご注文窓口　電話03(5907)6668

＊検印省略　　　　　　　組版所 藤 原 印 刷 株 式 会 社

Printed in Japan　　　　ISBN978-4-18-139019-8
もれなくクーポンがもらえる！読者アンケートはこちらから →